TRAS LAS HUELLAS DE PABLO NERUDA

Tras las huellas
de Pablo Neruda

Un homenaje a Hernán Loyola

Edición e introducción de Greg Dawes

© 2020 Greg Dawes

All rights reserved for this edition © 2020 Editorial A Contracorriente

Library of Congress Control Number: 2020934098

ISBN: 978-1-945234-811 (paperback)
ISBN: 978-1-945234-828 (ebook)

This work is published under the auspices of the Department of Foreign Languages and Literatures at the North Carolina State University.

Distributed by the University of North Carolina Press
www.uncpress.org

INDICE

Greg Dawes, "Introducción:
Un detective tras Pablo Neruda" 1

I PERSONA Y OBRAS DEL 'DETECTIVE' NERUDIANO

Pedro Lastra, "Un envío de Pablo Neruda" 9

Jaime Concha, "Para Hernán" 12

Patricia Poblete Alday, "Hernán Loyola.
Literatura a ras de suelo" 20

II PEDAGOGÍA Y LOS CONVERSOS A LA NERUDOLOGÍA

Claudio Rojas, "Semblanza de Hernán Loyola:
Con Neruda, tap-dancing y busto
de Lenin" 25

Mario Valdovinos,
"Al maestro Hernán Loyola" 43

III NUEVAS LECTURAS NERUDIANAS

Alain Sicard, "Neruda cosmonauta" 49

Selena Millares, "El símbolo de la cruz
en la poética nerudiana: Un diálogo del amor
y la muerte" 57

Gabriele Morelli, "Correspondencia inédita:
Puccini-Neruda" 74

Darío Oses, "Pablo Neruda,
lector y autor de narraciones fantásticas
y viajes extraordinarios" 98

Luis Iñigo-Madrigal, "Borges, Baroja, Neruda:
Tres escritores y un mismo impostor" 111

Greg Dawes, "Neruda, el anarquismo
y la democracia" 126

Introducción:
El detective tras Neruda

Greg Dawes
NORTH CAROLINA STATE UNIVERSITY

SE HA PERDIDO LA buena costumbre hace ya varias décadas de rendirle homenaje a figuras que han remecido el campo de la crítica literaria o cultural. Hasta los años 80s era un subgénero que coexistía con estudios críticos sobre escritores o fenómenos culturales y servía de fuente —a veces imprescindible— tanto para estudiosos y estudiantes del campo como para lectores ávidos que no dejaban pasar libro alguno que tuviese que ver con su panteón de escritores preferidos. Hacerle un tributo a una eminencia en el campo era, por un lado, circunscribir los estudios y las palabras al horizonte de investigación de la persona homenajeada, y por otro, nutrirse del conocimiento de dicha figura y lanzarse a explorar temas afines o incluso alejados pero vinculados de alguna forma u otra con el enfoque de la persona homenajeada. No es inusual que, en universidades europeas, norteamericanas o latinoamericanas, por ejemplo, se celebren la obra y la vida de un intelectual que ha ocupado un puesto en una universidad. Sí lo es, sin embargo, organizar una serie de intervenciones académicas y publicarlas en un volumen. Que yo sepa, la excepción es Mabel Moraña, quien publicó recopilaciones de ensayos dedicados a Hernán Vidal y a Georgina Sabat de Rivers, aparte de un par de libros que si no son homenajes propiamente dichos vienen a serlo *de facto*: uno en torno a Ángel Rama y otro sobre José Carlos Mariátegui. La verdad es que el homenaje, como subgénero, ha caído en desuso. Hemos intentado rescatarlo del olvido para conmemorar las obras producidas por Jaime Concha y ahora con este libro dedicado a la obra crítica de Hernán Loyola[1].

En este caso es un verdadero honor hacerle un muy merecido homenaje al gran conocedor de la obra y la vida de Pablo Neruda a nivel mundial, Hernán

Loyola Guerra (Talagante, Chile 1930). Así como Alain Sicard decía que el yo nerudiano es insosloyable, es igual de desentrañable la relación de Hernán con Neruda. Como señala el ensayo de Mario Valdovinos, el crítico conoce a Neruda por primera vez en 1952 en su casa santiaguina de Los Guindos y, desde ese momento hasta el fallecimiento del vate en 1973, se vieron con frecuencia. A veces Hernán se quedaba en Isla Negra un par de semanas conviviendo con Neruda y Matilde en el día a día y hablando prácticamente de todo salvo los versos "del capitán", porque el poeta se interesaba en muchas otras cosas. Como lo ha comentado Hernán y como lo puede confirmar cualquier lector al ir a cualquiera de sus casas —La Chascona, La Sebastiana e Isla Negra— y ver las colecciones de caracolas, botellas, piedras, naves embotelladas y demás pasiones nerudianas; o bien al consultar los miles de libros en su biblioteca privada en La Chascona o en la Universidad de Chile, los intereses del poeta eran diversos. Pero Hernán hizo lo posible por arrancarle comentarios por aquí y por allá, constataciones y aclaraciones. Y lo logró, como puede comprobarlo cualquier lector de las obras críticas de nuestro homenajeado. Es en gran parte por ello y por la memoria enciclopédica del crítico chileno italianizado —navegando siempre entre dos culturas— que tenemos a nuestra disposición un sinfín de fechas, lugares, precisiones, correcciones y conocimiento único proporcionado en una prosa que fluye y que sirve como piedra angular de cualquier estudio serio sobre la obra de Neruda. Basta pensar, por ejemplo, en las concreciones en cuanto a fecha y lugar que cohabitan con la indispensable edición Cátedra de *Residencia en la tierra*; o la exploración de la genealogía de la familia del Premio Nobel; o la constatación de la existencia de Josie Bliss; o el descubrimiento de que Eva Fréjaville fue la musa de "Las furias y las penas"; o la comprobación de que el poeta no sufrió un repentino despertar político y que nunca pasó por una conversión política al declararse comunista, entre otros muchos. Por un lado, entonces, llena vacíos, establece una cronología estética y vital, corrige errores descabellados por parte de la crítica, enmienda lo que se sabe sobre Neruda en tal o cual momento y etapa "a ras de suelo", como lo pone Patricia Poblete Alday. Por el otro, maneja temas abstractos presentes en la obra nerudiana (ser y morir —para citar el título de uno de sus libros—, o lo nocturno y lo diurno, por ejemplo), va armando una serie de referencias que manejaba Neruda y que formaban parte de su cosmovisión, además de que propone una periodización histórico cultural en la que encaja la obra del vate tomando en cuenta teorías de la Modernidad y Posmodernidad —como las de Marshall Berman y Fredric Jameson— así como acuña el concepto —pasado por alto por Jameson por cierto— de "la posmodernidad de la resistencia". Por una parte, entonces, tenemos al "detective" —como se le ha llamado a menudo— haciendo pesquisas de lo que parecen ser minuciosos detalles que, nos enteramos a la larga, son esenciales para entender la vida y obra de Neruda. Por otra, encontramos extrapolaciones abstractas que permiten situar al poeta en su momento histórico y cultural. En el fondo, sigue las huellas de la "abstracción concreta" que esgrime Marx en el *Grundrisse*: arrancar de lo concreto para llegar a lo abstracto, para entonces volver a lo concreto. A eso se refiere sin duda Adorno cuando insiste en la "crítica inmanente": la dialéctica de lo concreto y lo abstracto comienza con aquél. Es ese el método que despliega Hernán en la introducción a la edición de *Residencia en la tierra* arriba mencionada. Lo vemos en *Los modos de autorreferencia en la obra de Pablo Neruda* (1964) —al que se refiere Jaime Concha en su ensayo aquí incluido—; en *Neruda. La biografía literaria* (2006) y en *El joven Neruda 1904-1935*; desde luego, en *Pablo Neruda. Antología general*; en las deslumbrantes notas en las obras completas de Neruda publicadas por Galaxia Gutenberg; así como en sus muchos artículos sobre Neruda y otros escritores latinoamericanos y en el último libro, *Los pecados de Neruda* (2019), en donde, con la honestidad intelectual a la que estamos acostumbrados nosotros los que conocemos su obra crítica, desarma las posturas de aquellos que han malinterpretado la obra nerudiana por motivos ideológicos.[2]

En estos tiempos posmodernos la verdad y la realidad objetiva resultan ser ficticias según la torpe, caótica, odiosa y demasiado peligrosa retórica de, digamos un Donald Trump o un Jair Bolsonaro o bien —para volver al país del poeta— un Sebastián Piñera, sinécdoques los tres de síntomas de la extrema derecha en sus respectivos países. O bien, por otra vertiente, con el apogeo del liberalismo, las políticas identitarias sobre la identidad sexual, de género, de raza y demás resultan ser el factor crucial para llegar a una determinación sobre las condiciones sociales y la verdad el conjunto de perspectivas que no nos permite llegar a determinaciones sólidas y verídicas. Visto lo anterior, es más que alentador leer las obras críticas de Hernán porque se apoyan en hechos, acontecimientos y análisis críticos para argumentar a favor de tal o cual punto sobre la vida y la obra nerudianas. En el contexto de la investigación de Hernán no basta tener un punto de vista o asumir una identidad o, por supuesto, declarar a voz en cuello y con obvia hipocresía -me refiero aquí a Trump, Bolsonaro, Piñera y otros lacayos del Capital—, sino defender las ideas a capa y espada siguiendo una lógica, autocrítica y crítica. En ese sentido

Hernán rescata los mejores valores de la Modernidad o del "postmodernismo de resistencia", que acuña como postura para señalar una sociedad más allá del capitalismo globalizado y que es, por lo tanto, un gran modelo a seguir[3].

Este volumen reúne a varios renombrados estudiosos de la literatura latinoamericana y en particular de la obra nerudiana. Todos los colaboradores aquí incluidos han sido en algún momento, sea hace décadas o hace años, interlocutores de Hernán y han aprendido del amplio horizonte de su conocimiento, así como se han alimentado de su gran sentido de humor, su pasión desbordante por el jazz, el buen ojo para la culinaria y ni qué decir del mejor vino, sus muchas preguntas sobre un sinfín de temas académicos y no académicos, su generosidad, sus convicciones comunistas, su mentalidad abierta, su apertura ante gente de distintas generaciones, sus camisas con colores llamativos, entre otras muchas cosas. La primera agrupación de ensayos, "Persona y obras del 'detective' nerudiano", se refiere a esa encrucijada haciendo hincapié en particular en lo personal. Jaime Concha se enfoca en la amistad a lo largo de las décadas y sus meditaciones a base de las lecturas de las obras capitales de Hernán. Pedro Lastra se centra en el regalo que le obsequia Neruda y que le hace llegar el gran amigo del Profesor Lastra. Patricia Poblete-Alday subraya la manera en que el crítico chileno se sale del molde académico y rechaza todo lo que presupone en cuanto a elitismo y, como tal, nos señala un camino más humano a seguir.

El segundo agrupamiento de artículos, "Pedagogía y los conversos a la nerudología", aborda la docencia en Chile y la amistad. En el caso de Claudio Rojas, la amistad con Hernán brotó desde antes del golpe militar en 1973 y la larga tragedia de la dictadura. Así como el lector se hace una idea de la presencia de Hernán en las salas en el Instituto Pedagógico —su generosidad comunista en cuanto a los cigarrillos, el seminario inconcluso, entre otras cosas—, se aprecia también el lado no académico del Maestro al leer de su pasión por y vasto conocimiento del jazz, por ejemplo, como de sus deseos de ser un *tap dancer* como Fred Astaire. El ensayo de Mario Valdovinos abarca un seminario en la Universidad de Chile para entonces abrir un largo paréntesis con el golpe y la dictadura. Pero se reencuentra con Hernán después de la transición y cuenta de sus almuerzos estivales cuando éste vuelve a Santiago todos los años, la "Carta abierta de los intelectuales cubanos a Pablo Neruda", sus hijos y esposas, entre otras cosas.

La sección más larga, "Nuevas lecturas nerudianas", incluye seis estudios sobre la obra de Neruda. En una serie de reflexiones y preguntas sobre la búsqueda incansable de lo material —del "cosmos en la tierra"— por parte del vate que es, a su vez, según Alain Sicard, tal vez la exploración de su propia vida y muerte. Son cuatro los motivos que lo impulsan al poeta en su búsqueda según el estudioso francés: su entusiasmo, su compasión, su generosidad y su "arrebatado amor". Por su parte, Selena Millares analiza la presencia de la cruz y los símbolos de la religión y la muerte en la obra del Neruda joven rastreando su obra desde *Crepusculario* hasta *Residencia en la tierra*. La cruz, sostiene la crítica española, representa el entrecruce entre el amor y la muerte. El ensayo de Gabriele Morelli ofrece el inédito intercambio de cartas entre el crítico y traductor Dario Puccini y Neruda. Si bien gran parte de las misivas tienen que ver con libros que no le han llegado al crítico italiano, cartas que no han sido contestadas o desencuentros entre éste y el vate, el humor, la calidez y, en una sola palabra, la amistad entre ellos se palpa. Desde una perspectiva única, Darío Oses explora el rol de la fantasía, las fábulas y lo numinoso en las lecturas y los escritos del poeta arrancando desde su juventud en Temuco. Demuestra así que la obra nerudiana desde muy temprano, comenzando con las historias que le contaban en el sur, se alimenta de la fantasía como elemento vital en su creación literaria. Luis Íñigo-Madrigal hace su propia investigación detectivesca al seguirle la pista a la laberíntica historia del "caso Tichborne" y al hallar un punto en que se encuentran y divergen narrativas de Borges, Baroja y Neruda. Este caso tan real que pareciera ficticio del impostor Tom Castro que cruza fronteras y cambia de identidades subraya las similitudes y diferencias entre las historias de estos tres autores. Este homenaje se cierra con mi ensayo que busca establecer los vasos comunicantes y las disonancias entre el anarquismo y la democracia en la obra de Neruda desde su juventud hasta las *Residencias*. Examinando crónicas que escribió el poeta en Temuco, así como algunos poemas de *Crepusculario* y *Residencia en la tierra*, va mostrando cómo Neruda dialoga con el discurso libertario y con nociones de la democracia de esa y otras vertientes políticas y cómo se va apartando hacia 1935 de la estética y política ácratas que tanto influyeron en Neruda el joven.

Con todo, estos escritos nos presentan nuevas ópticas sobre Neruda a la vez que le rinden un homenaje a una de las figuras máximas del estudio de su obra: Hernán Loyola. En ese sentido, los mismos nos brindan nuevas aproximaciones a la vida y poesía del Premio Nobel a la par que nos ofrecen algo semejante en el caso del gran crítico chileno-italiano. Lo decíamos al comienzo: es prácticamente imposible pensar en Hernán sin pensar en Neruda. También, y gracias al monumental trabajo de aquél, es prácticamente imposible conocer la obra y la vida del poeta sin haber leído las grandes obras críticas que nos ha legado Hernán. Iniciamos pues este estudio con un profundo agradecimiento al legado que nos ha dejado el Maestro.

Notas

1. Ignacio Álvarez, Luis Martín-Cabrera y Greg Dawes, *Homenaje a Jaime Concha: Releyendo a contraluz* (Raleigh: Editorial A Contracorriente, 2018).

2. He aquí los libros de Hernán Loyola: Pablo Neruda, *Residencia en la tierra*, edición de Hernán Loyola (Madrid: Ediciones Cátedra, 1987); *Los modos de autoreferencia en la obra de Pablo Neruda* (Santiago: Ediciones de la Revista Aurora, 1964); *Ser y morir en Pablo Neruda 1918-1945* (Santiago: Editora Santiago, 1967); *Pablo Neruda. Antología esencial* (Buenos Aires: Losada, 2001); *Pablo Neruda. Obras completas*, IV tomos (Barcelona: Galaxia Gutenberg, 1999-2002); Pablo Neruda *Neruda. La biografía literaria* (Santiago: Seix Barral, 2006); (con Claudia Vergara), *Pablo Neruda / Roberto Matta* (Chile: Ediciones Aifos: El Mercurio, 2007); *Pablo Neruda. Antología general* (Lima: Real Academia Española, 2010); *El joven Neruda 1904-1935* (Santiago: Penguin Random House / Lumen, 2014); y *Los pecados de Neruda* (Penguin Random House / Lumen, 2019).

3. Ver Hernán Loyola, "Neruda moderno, Neruda posmoderno", *América sin nombre*, nº 1 (dic. 1999): 21-32.

I. Persona y obras del 'detective' nerudiano

Un envío de Pablo Neruda

Pedro Lastra
STONY BROOK UNIVERSITY

A Adam Hurewitz,
que me animó a escribir esta historia.

No sé muy bien cómo contar esta ocurrencia, para mí conmovedora y sorprendente; pero sé que debo contarla de algún modo. ¿Por dónde empezar? Aunque su comienzo se remonta a mayo o junio de 1973, yo no vine a conocer tan singular entramado de acontecimientos sino treinta y seis años después: precisamente, el jueves 5 de febrero de este 2009.

Mi viejo amigo Hernán Loyola me visitó ese día en la Editorial Universitaria, un lugar en el cual solíamos encontrarnos en el pasado, antes de las turbulencias que nos alejaron desde aquel septiembre de mala memoria. Como muchos lo saben, el periplo de Hernán como exiliado fue muy largo y, desde luego, yo no lo ignoraba: primero, Bordeaux, luego Budapest y por último Sassari, con variados o repetidos pasajes de uno a otro sitio; sabía también de sus fugaces regresos a Chile en estos años y de sus múltiples trabajos, que han culminado con la edición de las *Obras completas* de Pablo Neruda.

Es cierto que de vez en cuando el correo nos acercaba con cartas, con paquetes de libros o con noticias de nuestras andanzas; pero hubo también tiempos en los cuales el trato directo desaparecía y sólo nos reencontrábamos, por así decirlo, en el "espacio literario". En treinta y seis años se alejan o se borran muchas cosas.

De ahí la novedad del 5 de febrero: Hernán Loyola estaba en Santiago y me llamaba para anunciarme una visita. Me anticipó también una sorpresa, pero se negó a adelantarme en qué consistiría.

Horas después estaba Hernán entregándome lo prometido: un sobre, algo envejecido aunque muy bien conservado, que ostentaba en la mitad inferior el conocidísimo logo de Pablo Neruda. Y sobre ese logo vi escrito mi apellido, con la tinta verde y la letra inconfundibles del poeta. Tuve la fugaz impresión de estar recibiendo un mensaje de otro mundo.

Por algunos instantes no atiné a abrir el sobre, hasta que Hernán me instó a hacerlo. Y de allí saqué un libro de floral y colorida cubierta en la cual se leía: "Pablo Neruda / *Cuatro poemas / escritos en Francia*". Se trataba de una hermosa edición para coleccionistas, de ésas que Neruda acostumbraba publicar en limitados tirajes para celebrar alguna ocasión o circunstancia especial. Esta se había terminado de imprimir el 31 de diciembre de 1972 y constaba de trescientos ejemplares, de los cuales los cien primeros habían sido " impresos en papel pluma especial con cubierta de papel Fantasía " y numerados de I a C . El ejemplar que me había asignado el poeta era el número XII y su dedicatoria decía: "a Pedro Lastra / con un abrazo / Pablo Neruda / Isla Negra 1973".

Quedé perplejo al recibir ese envío, del cual nunca me habló Hernán en ese largo plazo de distanciamientos. Y tan perplejo como yo estaba el poeta Sergio Rodríguez Saavedra que me acompañaba esa tarde en la Editorial. Una sorpresa semejante no se recibe sin algún sobresalto del ánimo, por lo que entonces entendí una pregunta hecha por Hernán al llamarme esa mañana y que me pareció, y en efecto era, una broma cordial: ¿Cómo te encuentras? ¿Está bien tu corazón? Ahora me confirmaba que ese envío venía ciertamente de otro y otros mundos, porque desde 1973 el sobre con los *Cuatro poemas...* había estado en muchas partes después del allanamiento de su casa en Santiago, y por razones como ésa , y por otras que tenían que ver con los azares de sus desplazamientos, sometido a peligros de pérdidas o extravíos. Me dijo que alguna vez —al hallarlo entre sus libros y papeles— había pensado enviármelo por correo; pero detenido por aquel temor prefirió mantenerlo sin decirme nada hasta poder entregármelo personalmente. Ahora lo hacía, dando fiel cumplimiento a lo encomendado por Neruda y procurándole a su amigo reencontrado una multiplicada alegría. No necesito encarecer mi aprecio por ese gesto de Hernán, que tanto dice de su ejemplar sentido de la amistad.

* * *

Estos poemas que Neruda quiso hacerme llegar pocos meses antes de su muerte, me han llevado a recordar las muchas manifestaciones de su simpatía, recibidas desde mi juventud y mis comienzos literarios. He contado en otros lugares cuánto significaron para mí ciertos encuentros con él y de qué manera su generosa disposición para informarse de mis trabajos como editor, o simplemente como lector, se tradujo en obras o en escritos que algo han de haber significado a su vez para otros: en 1970 me animó a reeditar los cuentos de Juan Emar y consintió en escribir un prólogo para el libro que decidí incluir de inmediato en la colección "Letras de América" que yo dirigía en la Editorial Universitaria. No menos productivos fueron otros diálogos sobre asuntos y libros muy variados: la *Historia general del Reino de Chile*, del padre Diego de Rosales (pensó una vez encargarme una selección de esa historia para una posible serie que proyectaba) ; su invitación a una lectura detenida de Benjamín Vicuña Mackenna, u otras reflexiones y noticias sobre algunos escritores del siglo XIX , y esto desde que se enteró de mi dedicación a ese periodo de la literatura hispanoamericana. Su aproximación a cuestiones literarias tan diversas como las que he mencionado, me fueron revelando a través de los años un lado de su personalidad no siempre conocido por los lectores de su poesía e incluso negado por sus detractores: el de un intelectual abierto a incitaciones culturales e históricas aparentemente distanciadas de sus intereses como poeta. El libro traído por Hernán viene a decirme que en esos diálogos para mí tan memorables, él pudo verme como un atento auditor suyo, preocupado además por no desviarse demasiado de su vocación. A las emociones suscitadas por el hecho relatado en estas páginas se suma, pues, mi reconocimiento por su enriquecedor y amistoso magisterio.

Para Hernán

Jaime Concha
UNIVERSITY OF CALIFORNIA—SAN DIEGO

Gran âge, nous voici

ESTAS LÍNEAS, ALGO INDECENTES por lo escasas e improvisadas, no quieren ser obviamente una exposición o un análisis de la obra crítica de Hernán Loyola. Ella se merece una evaluación madura y reflexiva que vendrá seguramente en su oportunidad. De momento, lo que sigue es más bien el producto de alguien que, por amistad y compañerismo, a través de contactos esporádicos y de conversaciones telefónicas, ha estado más o menos cerca de la actividad académica de Hernán. Y, más que nada, es la expresión de quien tanto debe (como muchos otros), en el conocimiento de las cosas y los hechos nerudianos, al colega al que hoy rendimos homenaje.

* * *

El hecho es indudable, y conviene subrayarlo al comenzar: Hernán Loyola es hoy por hoy el mayor especialista en la vida y obra de Neruda. Por muchos años, por más de medio siglo, desde que al término de sus estudios universitarios decidiera (instigado por el profesor Juan Uribe Echevarría) dedicar su memoria de prueba al tema del *Canto General*, Hernán Loyola no ha dejado de publicar monografías, comentarios, repertorios bibliográficos, colectáneas, ediciones, antologías y un par de exhaustivas biografías del poeta. Esta labor incesante, que ya da una suma impresionante de escritos, no solo echa las bases para la comprensión moderna de Neruda, sino que, diseminando un interés creciente por su poesía, ha estimulado y abierto canteras de investigación en distintos países y entre nuevas generaciones de estudiosos.

Lo primero que leí de Hernán fueron un artículo de *Atenea* y su monografía sobre las *Autorreferencias*. En la revista de la Universidad de Concepción Loyola trataba el tema de *Crepusculario*, lo cual me vino como anillo al dedo pues en ese mismo tiempo yo me ocupaba también de ese libro juvenil. Y, dicho sea de paso, ya era visible en esos comienzos del crítico su tendencia, casi manía, de celebrar los aniversarios, más aún si se trataba de libros nerudianos. El artículo se llamaba precisamente "En los cuarenta años de *Crepusculario*".

Los modos de autorreferencia en la obra de Pablo Neruda, de 1964, es una breve monografía (68 pp.) producto de una conferencia que diera el autor para unas jornadas nerudianas del mismo año. Fue editada por la revista *Aurora*, en su segunda época, conducida por la competencia y entusiasmo de Carlos Orellana. Al recorrerla ahora, uno se da cuenta que, junto a la tradición nacional que el Partido retomaba, había una gran dimensión internacionalista, visible, por ejemplo, en la temprana y sorprendente colaboración de Rossana Rossanda. Como se sabe, esta gran mujer tendría una destacada presencia en el movimiento comunista italiano de las próximas décadas.

De apariencia sencilla, el libro inicial de Hernán podía hacer perder de vista su real interés, su valor y su indudable importancia. Yo mismo, que lo reseñé para *Atenea*, no capté entonces todo su alcance. Hay que tener en cuenta que, a mediados de los sesenta, en materia de bibliografía nerudiana no había mucho pan que rebanar. A penetrantes ensayistas como el venezolano Picón-Salas y el anglochileno Clarence Finlayson, se sumaban los pocos libros de Amado Alonso, señero como el que más, del argentino Roberto Salama, útil pero limitado en su perspectiva, y el de Jean Marcenac, más orientado a ver la poesía de Neruda en su afinidad con el proyecto de la izquierda francesa de posguerra. Por el mismo año, 1964, se publicaba en Chile el *Pablo Neruda* de Raúl Silva Castro, que fue recibido en los cachos, unánimemente y un poco injustamente a mi ver, por la gente de letras santiaguina. Según oí, le criticaban al autor, director de la Biblioteca Nacional en ese tiempo, cerrar el acceso a los archivos de la literatura chilena. Una política así, de puerta cerrada, dejaba a los potenciales investigadores *au dehors de la mêlée*.

Entre otros aportes, el trabajo incluye una periodización que combina la tripartición que se hará habitual en los estudios nerudianos con una cronología más fina, que establece divisiones internas y lapsos discernibles en cada etapa: romántica, metafísica y político-social. Como cubre hasta las manifestaciones poéticas más recientes (exclusive el *Memorial*), se da cuenta en vivo de una poesía en pleno movimiento. Naturalmente, el foco específico del ensayo es lo que indica el título: las *Autorreferencias*, a saber, las formas con que se autodesigna el sujeto lírico. Este hilo conductor permite observar los cambios y constantes en la evolución de un trayecto creador de casi medio siglo. Ahora bien, lo que me parece de mayor proyección ulterior es el énfasis puesto en el carácter concreto, activo, ligado a un compromiso con lo real de la obra estudiada. Se lo plantea así: "Es una poesía concebida como quehacer, como trabajo, como actividad suprema y básica a través de la cual Neruda quiere realizarse en su existencia" (7). El vocablo *quehacer*, de clara denotación, tal vez contenga alguna valencia connotativa si se piensa en las circunstancias de época y en una determinada perspectiva ideológica. Aunque tal vez me equivoque.

Entre 1954, fecha de su tesis de grado, y 1964, año de las *Autorreferencias*, hay una buena porción de tiempo en que no sabemos nada del desenvolvimiento intelectual de Hernán. Con un término que él emplea para referirse a los versos más tempranos del poeta (Neruda antes de Neruda), podríamos nombrar ese decenio como *prehistoria* del crítico. Este mismo, no sé si con deliberación, ha echado un velo de misterio, mencionando solo alusivamente o con evasivas lo que significó su Tesis (ver, por ejemplo, en *Ser y morir...*, libro que menciono en seguida, la referencia fugaz a su *Orígenes y estructura del Canto General*, 199). Obviamente es claro que, egresado de la universidad, la mayor parte de su tiempo se haya dedicado a la docencia o a una incipiente militancia de izquierda.

Yo empecé a leer el nuevo *El Siglo* alrededor de 1962 y no recuerdo haber visto el nombre de Loyola entre los articulistas. Lo cierto es que, como escribí en otra ocasión, el decenio 1950-1960 es uno de los menos estudiados en la historia reciente del país, quizás porque carece del dramatismo de la década anterior y del carácter explosivo y esperanzador de la siguiente. Pero, simplemente teniendo en cuenta episodios como estos: reelección de Ibáñez, como General de la Esperanza, apoyado nada menos que por la mayoría del Partido Socialista de esos años; los hechos del 2 de abril de 1957; la derogación de la Ley Maldita, que permitía reanudar su actividad al Partido Comunista; y una nueva elección presidencial que dejó a Salvador Allende a las puertas de la Moneda, con apenas 30.000 votos de diferencia ante el gran Cachorro alessandrista: todos ellos hablan de un período rico y complejo para un despertar intelectual. ¿Conoció de cerca Hernán la edición clandestina del *Canto General*? Si probablemente gente como Américo Zorrilla o Álvaro Jara no le eran cercanos, sí que debió alternar con Carlos Orellana (esto es seguro) y con Joaquín Gutiérrez. En fin, de todo esto sería altamente interesante saber más, lo que podría hacerse fácilmente mediante una entrevista que se enfocara en torno a 1950.

Tengo la impresión de que el libro que consolidó el renombre de Hernán como estudioso de Neruda fue *Ser y morir en Pablo Neruda* (Editora Santiago, 1967). Al ganar una mención honrosa (Premio de Ensayo) en el concurso de Casa de las Américas, el autor alcanza una audiencia internacional, principalmente iberoamericana. Esto, junto a la edición de los *Estudios sobre Pablo Neruda* (*Anales de la Universidad de Chile*, 1971), confirmó su magisterio en el campo nerudiano. En la colectánea que acabo de mencionar participarían prácticamente todos los críticos conocidos y reconocidos de la especialidad.

Yo leí tarde *Ser y morir...*, pues estaba fuera del país. Nunca me gustó su título, tal vez por prejuicio filosófico. Además, una muerte infinitiva figurando en la portada, que de hecho asignaba un hemisferio de la poesía nerudiana al tema de la muerte, me parecía excesivo. Lo curioso fue que, cuando leí el libro y ahora releyéndolo en parte, no solo advierto que Loyola recorre un tema que empieza en la más tierna edad del poeta hasta su gran eclosión en *Alturas de Macchu Picchu* —parte substancial y brillante en que culmina el comentario. ¿Qué podría explicar en Neruda esta familiaridad vitalicia, este trato casi desde guagua con la experiencia de la muerte —porque experiencia lo es, no cabe duda? Sé que se han adelantado no pocas hipótesis sobre el particular, ninguna a mi ver convincente. En todo caso, la notable contribución de Loyola, por su óptica rigurosamente descriptiva, ayuda, y ayudaría, a profundizar en este enigma aun no resuelto de la subjetividad creadora. Por el momento, yo formularía el enigma de este modo: ¿Relación osmótica, simbiosis con la muerte? Lo que empezó como mero reciclaje del sentir posromántico, termina siendo experiencia poética en profundidad: experiencia de la muerte personal y de la naturaleza en las *Residencias*, experiencia de la muerte colectiva y en la historia en *Alturas*.

* * *

El exilio de Hernán es de arco curioso. Hasta donde sé, pudo salir pronto del país a través de la Embajada de Italia, arribando a Roma, y de allí a Bordeaux donde fue recibido por la solidaridad generosa y abierta de Noël Salomon. Nos vimos una vez, brevemente, por un par de días, en Clermont-Ferrand, adonde Hernán viajó con su esposa, Elena Ballerino, y sus dos hijos. Estuvo poco tiempo en Francia, trasladándose a Budapest, donde fue llamado por

Mátyás Horányi, notable hispanista reconocido por sus trabajos sobre Antonio Machado. Tampoco duró mucho ahí, debido probablemente a que el idioma húngaro no es el más hospitalario. Finalmente recaló en Italia, instalándose definitivamente en Sássari, pequeña ciudad en el norte de la isla de Cerdeña, con cuya cultura, política y estilo general de vida encontró máxima afinidad. La buena química le permitió incluso evitar fricciones con los *baroni*, gente temida y temible del *establishment* universitario. Los largos años italianos de Hernán en Sássari le permitieron asentar su vida personal y desarrollar el imponente trabajo intelectual que apenas estoy esbozando.

En mi opinión, y para muchos colegas, las tres contribuciones más valiosas y significativas del período italiano son su edición de *Residencia en la tierra,* los cinco volúmenes de las *Obras Completas* de Neruda y el par de formidables biografías ya en este siglo.

En una nota rápida para *Araucaria de Chile*, dije tiempo atrás —medio en broma, medio en serio— que la edición de *Residencia en la tierra* (Madrid: Cátedra, 1987) hacía de Loyola el Servio nerudiano; esto es, así como el gran escoliasta de Virgilio nos permite conocer a fondo el corpus virgiliano y el laberíntico repertorio de comentarios de la época imperial y tardo imperial, así la edición de Hernán no solo anotaba verso a verso, poema tras poema el libro de Neruda, sino que suministraba un repertorio muy completo del "saber" sobre el poeta hasta 1987[1]. Toda la *doxa* acerca de Neruda hasta ese momento la elevaba Loyola hasta su personal episteme, gracias a una acuciosa, escrupulosísima recopilación de las ideas e hipótesis de los demás estudiosos. No creo que exista de otro libro importante de la poesía hispanoamericana un comentario tan riguroso y exhaustivo como este.

Los cinco tomos de las *Obras Completas* (Barcelona: Galaxia Gutenberg, 1999-2002), para qué decir, darían mérito y renombre a cualquier investigador que solo hubiera emprendido un trabajo como este. Los prólogos a cada volumen, las notas a cada libro, los datos sobre las ediciones, adelantos y la *composición* misma del libro correspondiente representan un ingente esfuerzo de información y análisis.

Confieso que todavía no he podido absorber el contenido de las dos grandes biografías nerudianas: *Neruda. La biografía literaria* (Planeta, 2006) y *El joven Neruda* (Penguin Random House / Lumen, 2014). Pero desafío a cualquier lector a que abra cualquier página de una de ellas, pues podrá hallar ahí una increíble riqueza de información que desborda, muchas veces, el objeto mismo que se expone. Un solo ejemplo: las páginas 408-413 del primer libro, que se refieren al *affair* Josie Bliss (en Wellawatta, Ceylán), contienen un tesoro de referencias, conexiones y sugerencias que resulta sorprendente e incluso avasallante.

Junto a esta inmensa labor crítica que he enumerado solo en parte,[2] no se pueden dejar de lado otras dos actividades igualmente relevantes. Me refiero a los congresos nerudianos organizados por Hernán bajo el alero de la Università di Sassari y siempre con el apoyo municipal y de otras instituciones de la isla, a los que han concurrido la mayor parte, si no todos los estudiosos nerudianos, y cuyas *Actas* se han publicado principalmente en Italia. Quienes tuvimos el gusto y el honor de ser invitados, recordamos la bonhomía, el señorío y la flexible precisión con que Hernán organizaba y dirigía las sesiones. Personalmente, recuerdo en especial a gente ida, como Osvaldo "Gitano" Rodríguez, con quien paseamos en torno a los *nuraghi*, esos misteriosos monumentos prehistóricos de la isla.

Y me refiero también a su dirección de *Nerudiana*, que ya se acerca a los 30 números, y que podría llamarse la revista del humanismo nerudiano: *nada de lo relacionado con Neruda le es ajeno*. Loyola, como detective obstinado, persigue implacable e infaliblemente todo dato o detalle que pudiera ser esclarecedor sobre la vida y milagros del poeta.

Solo dos ejemplos, para mí altamente reveladores. Loyola ha logrado echar luz sobre una parte desconocida de la vida de esa gran luchadora social que fue Nancy Cunard: las *Memorias* de Neruda y la revista *Nerudiana* (2017) han logrado rescatarla del olvido. Más recientemente, dado que Neruda mencionó en el *Canto General* a Norman Mailer y su novela *Los desnudos y los muertos* (1948) sobre la guerra en el Pacífico, Loyola no cejó hasta dar con un testigo que pudiera hablar con cercanía del novelista norteamericano. Lo encontró nada menos que en su hija Susan, residente en Chile. Ella accedió a escribir en castellano para *Nerudiana* (ver n° 23-24, 2018) un muy interesante e informativo artículo sobre aspectos de la vida literaria y familiar de su padre.

¿Desacuerdos? Ninguno, que yo sepa; si los hubo, en vez de alejarnos, cimentaron más nuestra amistad. Pero, en obsequio al lector curioso, he aquí dos cosas mínimas. Siempre disentí de la lectura que hace Hernán del episodio Josie Bliss, y creo que se lo dije o lo escribí. A mi modo de ver, acepta de plano y sin reservas la versión nerudiana de los hechos. Por mi parte, pienso que la aventura indica el vate se la sacó de la manga, esto es, de su propio poema. Todo esto obviamente importa poco. Más interesante fue cuando, en una reunión de Oxford (1993), Hernán nos sorprendió a todos postulando el carácter posmodernista de la poesía de Neruda a partir de *Estravagario*. Ninguno de los concurrentes estuvo de acuerdo, pero, muy a la chilena, no hubo discusión ni polémica. Caminando poco después por el campus, comentábamos con Sicard que Hernán había hecho, en realidad, una operación extremadamente astuta. Primero, nos presentó un cuadro perfectamente posmodernista de la modernidad; luego lo hizo calzar como guante al dedo a la obra última del poeta. Sospecho que tras lo ocurrido estaba lo siguiente: la fijación casi obsesiva de Hernán por *Estravagario*, uno de sus libros preferidos, y (esto me consta directamente) un estudio muy serio y atento que había estado haciendo del libro de Fredric Jameson. La verdad, no sé si Loyola mantiene aún su punto de vista.

El lector que me haya seguido habrá visto, tal vez con una irritación que me complacería, que he usado en dos ocasiones palabras como "manía" y "obsesivo". Tranquilizo al irritado lector explicándole que lo hice deliberadamente, por antífrasis, para recalcar a través de síntomas aparentemente negativos la cualidad sólida y coherente del compromiso crítico de Hernán Loyola. Hablar de constancia, persistencia o perseverancia en su esfuerzo sería pecar de eufemismo. Probablemente el término que mejor cuadre con su trabajo de por vida sería el de lealtad. Lealtad a una obra poética que admiró desde estudiante, lealtad al hombre admirable que era su autor. Y una lealtad que ha sobrevivido más acá de la muerte de Neruda, pues en *Nerudiana* como en otros artículos Loyola alza siempre su voz contra los infundios que siguen propagando contra el poeta los ilustres parásitos de la prensa y de las letras. Si no por otra razón (y las hay muchas, como he tratado de mostrar) valdría solo ella para apreciar más aun la ofrenda cultural que Hernán nos ha venido brindando en largos años de dedicación.

Notas

1. Ahora lo diría definitivamente en serio, después de conocer un poco mejor al gramático de los siglos IV-V. Macrobio, su contemporáneo, caracterizaba al joven Servio como alguien "de saber admirable y de amable modestia" ("iuxta doctrina mirabilis et amabilis verecundia", *Saturnalia*, I, 2, 15).

2. Tal vez sea este el lugar donde corregir un error de apreciación muy corriente sobre el trabajo académico. El mismo Loyola, al dedicarse tan sostenidamente a Neruda, ha echado su propia sombra sobre otros temas que lo han ocupado. Neruda no ha sido

ni es su tema único y exclusivo como investigador. En un recuerdo necesariamente incompleto, menciono su introducción a una excelente antología de Sor Juana Inés de la Cruz que Loyola publicó en Chile (1971), cuando era director de la Biblioteca Popular Nascimento en tiempos de la Unidad Popular, y un ensayo relativamente extenso sobre *La guerra del fin del mundo*, última obra importante del novelista peruano —luego español de *El País* y ahora filipino de *Corazón*— Mario Vargas Llosa, publicado en *Nuevo Texto Crítico* n° 9-10 (Stanford University, 1992).

Hernán Loyola:
Literatura a ras de suelo

Patricia Poblete Alday
UNIVERSIDAD ACADEMIA DE HUMANISMO CRISTIANO

HACIA EL FINAL DE la película *A Beautiful Mind* (2001) el personaje del matemático John Forbes Nash —interpretado por el actor Russell Crowe— habla con un colega sobre la dimensión política y pública de los reconocimientos, particularmente del Premio Nobel. Nash, quien sufre de esquizofrenia, sabe que no calza con el perfil de académico perfecto e intachable que la academia sueca requiere, pero eso parece traerlo sin cuidado. Lo que lo sorprende y deja sin habla es la espontánea ceremonia por la cual sus colegas se le acercan a dejarle sus plumas sobre la mesa; simbólico testimonio del respeto y la admiración que le profesan. La escena es sensiblera y hollywoodense —gran angular y música *ad hoc* incluida— pero no por ello deja de ser hermosa. Habla de una vida realizada, plena de significado, tras una serie de pruebas profesionales y humanas. Muestra cómo a veces, solo a veces, una institución tan feroz y dada al ninguneo como la academia concita un acuerdo transversal en la celebración de uno de sus miembros.

Al evocar esta escena no pretendo poner en duda las capacidades cognitivas de nuestro homenajeado; prueba de su lucidez es el sentido del humor fino y agudo que exhibe al día de hoy. Con esta referencia quiero llamar la atención sobre dos cuestiones que me parecen básicas a modo preliminar. La primera es la ya dicha: lo raro que se hace enaltecer al prójimo en un ambiente tan competitivo, tan protocolar e hipócritamente cordial como el académico. No hablo de diferencias ideológicas (asumo que todos tenemos claro el legítimo derecho a disentir), sino de nuestra contumaz reticencia a ver, compartir y más aún festejar, los méritos ajenos. La evidencia tiene que ser muy grande, muy rotunda, para que lo hagamos. Los aplausos suelen llegar a destiempo.

Acostumbramos a otorgar homenajes y galardones como un premio de consuelo a quien se jubila, o *post mortem*: cuando el sujeto en cuestión ya no supone una competencia para los pares activos o para las generaciones venideras. Para ser justos, esto habla mal tanto de la comunidad académica en ejercicio como de quienes se aferran a su institucionalidad con uñas y dientes. De un lado, se percibe la lucha enconada por hacerse con la titularidad —nominal, simbólica, económica— de una cátedra. De otro, la resistencia a dar paso a nuevas generaciones, a escuchar otras perspectivas, a reconocer que el mundo de hoy es otro (*a priori*, ni mejor ni peor, solo "otro").

La segunda cuestión importante es que sobre-ponderamos los méritos académicos en detrimento de los humanos, cuando estos son —y debieran ser considerados como— parte esencial de aquellos. Hablo de la docencia, en primera instancia, pero también del respeto por las fuentes (vivas y muertas; impresas o no), de la objetividad (en la medida de lo posible, claro, lo que no significa asepsia intelectual sino el deber de declarar desde dónde se enuncia, cuáles son nuestros idearios y filiaciones); hablo de ética y solidaridad profesional. El ejercicio correcto (y sobresaliente) de nuestros deberes profesionales están relacionados con nuestra integridad personal, sobre todo en las Humanidades. Y eso debe destacarse con tanta vehemencia como nuestros hitos académicos, sean libros publicados, galardones, medallas o jerarquías universitarias.

Entre los convocados a escribir sobre Hernán Loyola posiblemente yo sea su amistad más novel, pero aun así creo que lo conozco lo suficiente para saber que me perdonará este exabrupto y, más aún, que aprobará con entusiasmo que aproveche esta tribuna para poner sobre la mesa aquellos asuntos incómodos de los cuales todos somos conscientes, pero de los que no queremos hacernos cargo. Sobre ellos, procedo al ejercicio de homenaje al que se me ha convocado, con una concisión que el festejado conoce y que, creo, también sabrá disculpar.

No fui alumna, ni ayudante ni tesista de Hernán Loyola. Nos conocimos gracias a su generosidad: tras leer un libro mío, hizo lo imposible por contactarme (contraviniendo las normas implícitas del parnaso académico: "yo emérito-tú principiante"). Una de las primeras preguntas que me hizo fue por mi signo zodiacal; con el tiempo supe que es lo primero que le pregunta a todo a quien conoce. Después comprendí que desde ahí —un punto de partida muy poco científico, pero extremadamente narrativo; dislocado y desprestigiado, que le singulariza y le honra— es desde donde Hernán entiende el "quién eres". No desde el "qué/donde has publicado" o "cuáles son tus amistades", sino cuál es tu dote alética —para volver a la terminología literaria— y cómo la llevas a cabo. Cómo cumples tu destino, quizás. Cuáles son tus lealtades últimas; tus certezas inconscientes.

Quién eres. Cómo te conviertes en lo que eres.

Esa visión —metafísica, esotérica, si se quiere— está en la base de su obra vital, que también da fe de esa generosidad de Hernán en tanto cimenta no la propia creación, sino que enaltece el trabajo de un tercero; otro ganador del Nobel. Podría pensarse que Neruda no requiere mayor defensa después de esa presea, pero a la fecha abunda evidencia de lo contrario. No hacen falta ejemplos. Lo más sencillo es cantar victoria junto al podio; sin embargo, una vez que el galardonado ya no puede replicar, Loyola sigue dando una pelea que podría parecer anacrónica y gratuita. *El joven Neruda* (2014) y *Los pecados de Neruda* (de próxima aparición) son las evidencias más recientes de esa consecuencia, que también da de lleno contra el mencionado ninguneo, revelándolo como deporte nacional.

A Hernán Loyola debo la recomendación de *Stoner*, del estadounidense John Williams. A diferencia de la película que abre este texto, en esta novela asistimos al arco descendente de una vida consagrada a un ideal profesional. Tenemos aquí al profesor universitario que permanece entrampado en una red de burocracia egótica de medio pelo, a merced de estudiantes que son cada vez más clientes y menos discípulos. La pasión por la literatura del protagonista no lo redime de un destino mediocre; la nobleza de sus ideales no alcanza para remontarlo sobre la puerilidad de las ambiciones mundanas. La literatura no salva a nadie, viene a decir su autor, quien bien lo supo, pues también fue académico. Pero hay veces, como esta, en las que da la oportunidad de conocer y celebrar a quien valora el oficio literario —y a las personas que lo ejercen— en su precisa medida, entre sus grandezas y sus miserias: allí, donde corresponde, justo a ras de suelo.

II. Pedagogía y los conversos a la nerudología

Semblanza de Hernán Loyola: Con Neruda, Tap-Dancing y Busto de Lenin

Claudio Rojas

ESCRITOR

ME DIGO QUE LA fecha de la noticia importa menos que la noticia misma, pero debe haber sido a principios de la década del 2000 que llegó a la BBC de Londres la información de que Hernán Loyola, unos de mis maestros clave de la universidad, y el mayor especialista en Pablo Neruda a nivel mundial (en ese orden de importancia para mí), recibiría un reconocimiento de parte de la Universidad de Chile por su importante contribución a la cultura. Loyola, que residía en Sassari, Italia, estaba de visita en Chile, en un momento en que el país no se acostumbraba del todo a ejercer, ni menos a demandar, las libertades democráticas conculcadas por la dictadura cívico militar de Augusto Pinochet.

El que suscribe trabajaba como productor de programas de radio en el Servicio Latinoamericano de la BBC. Previa aprobación de mi editor del diario programa de actualidades, y contando apenas con un número de teléfono móvil tentativo (que alguien le había prestado a don Hernán, según supe después), me atrincheré en uno de los estudios de Bush House, dispuesto a no salir sin una entrevista con el académico chileno. Aún conservo la cinta con ese primer contacto después de más de veinte años, aunque la vertiginosa obsolescencia de la tecnología de sonido me negó muy pronto el acceso a esa grabación, en que vuelven a conversar maestro y alumno. Lo que recuerdo es una aproximación de lo que a poco andar se fue convirtiendo en el audio de una posible película de Raúl Ruiz.

ROJAS: ¿Señor Loyola? ¿Don Hernán Loyola? (*Suenan voces indiscernibles en un fondo difícil de describir*).

LOYOLA: Sí, dígame...
ROJAS: Me llamo Claudio Rojas...lo estoy llamando desde la BBC de Londres y me gustaría entrevistarlo a propósito de la distinción que...
LOYOLA: (*Suena extrañamente risueño*) Claro...por supuesto. ¿De dónde me dice que me está llamando...?
ROJAS: Desde la BBC de Londres...
LOYOLA: No faltaba más, cuando guste (*detecto en la voz que el maestro sigue sonriendo. Por alguna razón, en este punto, las voces periféricas comienzan a imponerse*).
HOMBRE 1: ...quiera uno o no, igual tiene que salir temprano...
HOMBRE 2: ...y volver tarde.
HOMBRE 1: Todo sea por las luquitas...
HOMBRE 3: García Reyes... ¿quién me pidió García Reyes?
HOMBRE 2: La señora...
SEÑORA: No...yo no le he pedido nada.
HOMBRE 3: El caballero... ¿García Reyes?
LOYOLA: No, yo no...disculpe... (*volviendo al teléfono. Ahora el maestro está serio*). Dígame la verdad, ¿de dónde me está llamando?
ROJAS: De la BBC de Londres, don Hernán. Yo trabajo aquí. Fui alumno suyo de un seminario de Neruda...del año 72. (*Pausa de esas que en inglés se describen como "preñadas"*).
LOYOLA: Mire, le voy a dar otro número para que me llame más tarde. Ahora voy en un taxi colectivo.

El maestro no recordaba ese curso. Lo interesante fue la manera en que el humor y el absurdo recobraron sus derechos de ciudadanía en el contexto en que siempre nos hemos relacionado él y yo, lejos de la pomposidad y la gravedad académica.

A propósito, un poco de necesario contexto.

El Instituto Pedagógico y el año 70

Quienes entramos a Castellano al Instituto Pedagógico de la Chile, en 1970, no podíamos tener la más mínima sospecha de lo que nos estaba destinado. Desconfiados de un futuro mínimamente promisorio, muchos proyectos de escritores, poetas y periodistas, ocultos bajo un manto de educadores, jamás soñaron que profesores de la talla de Hernán Loyola, Carlos Santander, Juan

Villegas, Antonio Skármeta, Irma Césped, Cedomil Goic (no hay modo de nombrarlos a todos), estaban ahí para ejercitarlos con la literatura en el arte de contrastar ideas, en la búsqueda permanente de conexiones entre cosas que parecen no tenerlas, en el descubrimiento de esencias detrás de las apariencias, en fin, para impulsarlos a un vuelo personal de larguísimo aliento. Este lote de alumnos que entraron tal vez regañadientes a la última de sus elecciones de carrera universitaria, debe haber recibido el privilegio de la educación más extraordinaria de todo el país. Como gran atractivo agregado, estaba la cantidad de niñas de las que un adolescente de dieciocho años se podía enamorar, aplicando el método de ensayo y error sin ningún complejo de culpa. Admito que todo esto, y las interminables y formativas conversaciones en los jardines de la facultad, son los responsables, por ejemplo, del latín que no aprendí jamás.

Al mismo tiempo, 1970 será —con todos sus bemoles— el año en que abrimos definitivamente los ojos al hecho de que los dolores de uno mismo los padecían también otros, y, quizás, de manera mucho más dramática. La imperfecta, pero perfectible, sociedad chilena se abría a un cambio que alguien como quien escribe apenas empezaba a vislumbrar. El año 1970 culminaría en septiembre, con la elección del doctor Salvador Allende, quien acertaba a la cuarta postulación. Parecía haber quedado abierta una puerta enorme.

El seminario inconcluso

El seminario que se nos proponía a un grupo de la carrera pintaba bien. A razón de una reunión semanal, con dos años y una pequeña tesis, ya teníamos en la bolsa algo por lo que muchos estudiantes jamás se titulaban. Como quien dice, podíamos negociar el título con facilidades de pago. Lo otro es que la batuta la llevaría Hernán Loyola, a quien ya conocíamos por sus cátedras de literatura colonial y chilena. Con los años, he llegado a la conclusión de que una conferencia, un curso, un libro valen bien la pena si la memoria consigue guardar por lo menos una idea provechosa. Algo que nunca olvidé de esa cátedra de literatura colonial, fue un par de ideas algo más complejas. Una, respecto al resultado de la relación metrópolis y periferia, términos que Loyola anillaba de manera reveladora para un joven: era imposible que las colonias de España pudieran desarrollarse porque la propia metrópolis no había logrado salir de su subdesarrollo. Otra, tanto o más interesante aún, consistía en que la percepción del conquistador estaba determinada por su propio bagaje cultural: este no podía ver el nuevo mundo sino a través de sus propias fantasías y mitos.

Pero eso no es nada al hablar del seminario. Destaco lo antes posible la mejor característica de Hernán Loyola como maestro, puesta de manifiesto en la sesión nerudiana semanal. En el tiempo en que el enfisema y el cáncer pulmonar eran cosas que le ocurrían a otra gente, incluso en momentos en que la oposición a Allende había conseguido crear escasez de todo tipo de artículos, el maestro desenfundaba el paquete de "Hilton" y decía con voz prístina: "Ofrezco cigarrillos".

La oferta nos caía siempre de perillas a los jóvenes de precarias finanzas que éramos todos, incluyendo a quienes malvivíamos con algún empleo. Sin embargo, antes, mucho antes de que entráramos seriamente en materia con el seminario sobre Neruda, Hernán Loyola nos entregó las riendas de las sesiones. Así atendía inquietudes e intuiciones personales sobre la poesía, la historia y el marxismo. En una de esas respuestas, surgió la recomendación que me reveló un profundo agujero en mi formación: "Cuando tengan tiempo, traten de hacerse un cursito de epistemología".

No tengo problemas en confesar que era la primera vez que hacía el registro de la palabra y vaya que me ha servido ir más allá de la mera definición del diccionario en un tiempo de excesiva información y tanta incertidumbre. En alguno de nuestros almuerzos estivales en Santiago, muchos años después, el maestro me pagaría en la misma divisa, reiterando su probada honradez intelectual: "Bueno, Rojas, ¿qué significa 'soteriológico'?"

Loyola tuvo la generosidad de aceptar discutir algunos poemas de la propia gente que asistía al seminario y esto nos sirvió a todos para abrazar más estrechamente la causa. Siempre contestaba con buen humor a lo que, en la situación, era un despliegue de irreverencia (casi escribo "falta de respeto"). Me resisto a creer que no tomara a mal mi chiste de fingir olvido respecto al título de su libro *Antología esencial*, que cité como "Antología superflua". Se lo recuerdo aquí por si el maestro comparte el dicho inglés de que la venganza es un manjar que se come mejor frío.

Cada vez que regreso al seminario (lo poco que va quedando en una memoria cada vez menos solidaria) me asalta una imagen de algo que nunca existió: Loyola separando las páginas de un legajo, las que va entregando a cada uno de los participantes en el seminario con la misión de rastrear una constante nerudiana en dos o tres de sus primeras obras. Lo que sí se ajusta a la verdad es que cada uno de los asistentes recibió un tema para pesquisar, para registrar la evolución de preocupaciones tales como el yo, la amada, la noche, la naturaleza, el otro, el trabajo, la muerte, el amor. A mí me correspondió el quehacer literario y, en el plazo establecido, entregué un legajo pergeñado con una Olivetti prestada, más bien gordo, aunque mecanografiado por una sola cara. El florilegio nerudiano venía acompañado de algunas reflexiones personales, inspiradas, me temo que muy de cerca, en el *Ser y morir...* del maestro. El trabajo venía coronado con el epígrafe que le adjudiqué a un tal Vladimir Ilich Ulianov: "*Nihil a me alienum puto*", que traduje gentilmente del latín que nunca aprenderé como: "Nada humano me es extraño". Loyola miró el texto, me miró a mí (reconozco que con una sonrisa de bondad) volvió a sumergirse en el texto y no dijo nada. Con el tiempo aprendí por mi cuenta la diferencia entre un dicho textual y una mera adscripción. Aunque lo hubiera dicho en ruso, la afirmación habría resultado pretenciosa para el propio Lenin. Simplemente, fue el caso que algún académico que no recuerdo le endilgó lo que para el esclavo Epicteto habrá sido una declaración de principios. Hay maneras y maneras de aprender. Y a Loyola le sobraban las maneras de enseñar.

Las incertidumbres de la vida en vivo

Entre sus estudiantes, había algunos que desesperábamos por un criterio incuestionable para reconocer la verdadera poesía. Le hizo gracia al maestro el chiste aquel del pobre poeta que mandó a una editorial una colección de sus textos reunidos bajo el título de "¿Por qué estoy vivo?" El poeta recibió, a vuelta de correo, una tarjeta con un par de líneas: "Usted está vivo porque no trajo sus poemas en persona". Un cliché de la memoria bien anclada le hace afirmar a mucha gente que recuerdan dónde estaban cuando se enteraron del asesinato de John Kennedy. Yo sería capaz de reproducir en detalle el día del inolvidable mazazo machadiano que me fue asestado desde el libro de Castellano de Ernesto Livacic para el cuarto de humanidades: "Y cuando llegue el día del último viaje / y esté al partir la nave que nunca ha de tornar". Cualquier adolescente tiene acumuladas hasta ese momento letras de bolero, canciones de moda, joyas del sentido común, en los que parece haber una belleza de segunda mano. Agréguese a ese verdadero curanto (seudo) lírico el caldo de las "Palabras bajo la luna", programas de radio nocturnos en que locutores de voz engolada leían las aportaciones de auditores que exploraban el amor en desnortados poemas con versos demasiado libres. ¿Cómo separar la paja del trigo? ¿Cuál era el criterio estético con el que se declaraba poético lo uno y se condenaba al infierno del ridículo lo otro? Aquí es donde brilló más de una vez el magistral foco pedagógico de Loyola, que no eligió nunca el asalto directo a la ciudadela, sino el ataque de costado, con paso de cangrejo. Según transcurrían las sesiones, Loyola iba desmenuzando las diferentes áreas del saber en que reposaba la humanidad. La lógica y las matemáticas se situaban en el extremo de la mayor certidumbre del conocimiento humano. Y eso, debido a que son disciplinas cuyo objetivo es su coherencia interna. Apenas entramos en el área del conocimiento que tiene que ver con el mundo real (la física, la química, la biología) el lenguaje tiende a mantener sus certezas reduciendo su objeto de estudio a clases, especies y tipos, es decir, matando la vida para poder comprenderla.

El maestro nos entregaba, dosificadamente, sesión a sesión, este tipo de píldoras, esas bofetadas pedagógicas imposibles de encontrar ni siquiera en las mejores farmacias del centro. Loyola avanzaba hasta su objetivo final, el planteamiento del valor de la poesía a través de los versos de Neruda, en los que establecía estos paréntesis para la reflexión epistemológica. Quisiera ilustrar con entera justicia la perdurabilidad de esos cimientos que Loyola echó en nuestras vidas, y de los que quizás ni él mismo tenga conciencia. Recurro aquí a una reflexión del escritor Antonio Skármeta (otro maestro genial, al que no pocos le debemos más de algo) para acercarse al fenómeno poético: la poesía, dice Skármeta, "es la nostalgia de lo que se tiene". Un lector desprevenido verá aquí un mero juego de palabras, pero el mismo lector haría mejor en adentrarse en la deliberada construcción de una significativa paradoja, de una paradoja que envuelve la totalidad de nuestra vida: la única forma de que podamos experimentar el presente, es que este sea ya pasado. Piénsese en la luz del sol, que se demora ocho minutos en llegar a nuestro planeta. Los últimos seres humanos sobre el planeta disfrutarán de ocho minutos de la luz de un sol que ya no existe. Incluso el propio ojo que ve, también se está yendo, de modo que es innegable el hecho de que no hay veraneante que se bañe dos veces en el mismo río. Este es el dolor que subyace a toda gran poesía: la comprobación de que no hay existencia que no se desarrolle en el tiempo, que cualquier cosa que escape de la nada se encuentra en perpetua fuga, corroída por las horas y los días. El poema se aboca a este espectáculo en una mezcla de celebración y testimonio del dolor de estar verdaderamente vivo.

Loyola nos enseñó que, para llegar a esto, la poesía se acuesta con el enemigo, léase con el verbo, con la palabra que puede, al menor descuido, reducirlo todo a concepto, a tipo, a especie, a clase; y un poema asume este riesgo para producir un resultado que nuevamente es paradójico: el silencio, aquella experiencia que hermana a poeta y lector en el más allá de lo dicho. Me atrevería a citar lo que creo las palabras textuales del maestro en su momento: "La poesía no puede hacer otra cosa que trabajar con la vida en vivo. Por eso es que debemos pagar el precio de una cierta inexactitud en nuestras apreciaciones".

Casi medio siglo después, los que buscábamos certidumbre hemos aprendido a convivir con la necesaria incertidumbre que plantea la vida en vivo.

Colo-Colo y el fin del seminario

Pasadas las elecciones de marzo de 1973, y pese a que el gobierno de Salvador Allende superó la votación obtenida en 1970, todo parecía ir irremediablemente cuesta abajo en la rodada. El gobierno de Nixon había logrado su objetivo de hacer chillar la economía chilena. La oposición a Allende torpedeaba la acción del gobierno en la arena política y en la calle, los grandes capitales nacionales seguían acaparando y escondiendo los artículos de primera necesidad, mientras que agrupaciones de una izquierda más a la izquierda del gobierno de Allende intentaban imponer sus propias exigencias respecto al alcance y ritmo del programado cambio social. El país había experimentado una asonada militar con el tanquetazo del 29 de junio. Asistíamos a clases con la idea de que la suerte ya estaba echada y que todo era cuestión de una fecha conveniente para lo que llegó el 11 de septiembre.

En las sesiones de seminario, en aquella casona que ya no existe, con su piso pulcro, los libreros repletos y esa bella costumbre que tenía el inmueble de impedirle la entrada a los fragores del día, Hernán Loyola presidía las discusiones vespertinas —siempre con el generoso paquete de cigarrillos— y con una concentración en el tema que casi me convencía de que en el país no estaba pasando nada. Nunca había habido desabastecimiento ni peligro de guerra civil. No sé si sería el único al que le pasaba, pero yo encontraba en esas clases la calma que volvía a desaparecer a solo veinte metros, ahí sobre la vereda, apenas volvíamos a sumergirnos en la cotidianidad de la calle. Me decía a mí mismo que este caballero estaba políticamente bien conectado, que él debía saber algo bueno si es que estaba tan tranquilo. Confieso que lo miraba como mira uno, con disimulo, hacia el pasillo donde las aeromozas vienen sirviendo la comida en momentos en que el avión acaba de entrar en una zona de turbulencia extrema.

La muerte del seminario ocurrió de la misma manera que cuando nos enteramos de que nuestro último partido de fútbol ya nos lo jugamos. Un día aciago sucedió que ya habíamos tenido nuestra última reunión, y no habría más. Ahora que digo fútbol, no puedo dejar de anotar que las últimas semanas antes del golpe estuvieron marcadas por el destino brillante de Colo Colo en la Copa "Libertadores de América". La ecuación parecerá simplona, pero no es menos adecuada: mientras el equipo más popular de Chile siguiera ganando en sus compromisos internacionales, no habría movimiento en los cuarteles. La espada "salvadora" no podía alzarse en un ambiente de euforia que restauraba —aunque fuera momentáneamente— una suerte de unidad nacional que todos reconocíamos superficial y pasajera. Y el país se iba rescatando a sí mismo, semana a semana, con cada triunfo de la oncena alba, de la inminencia de la traición, de la sevicia y de la renuncia a la más mínima humanidad que caracterizaron los diecisiete años de dictadura cívico militar que se abatieron sobre Chile, y de los que el país aún no se recupera. Y llegó, fatalmente, el momento en que Colo Colo ya no pudo más.

La última vez que vi al maestro fue la víspera del levantamiento militar. Nos cruzamos brevemente en los jardines del Pedagógico, en la media tarde de esos días de septiembre previos a la primavera en que el aire es frío y el sol, indeciso. En la persistente humedad ambiental, Loyola se veía lleno de energía, cómodo dentro de la ropa, que siempre le quedaba bien, y como dispuesto en la mejor forma para las tareas que le deparaba el resto del día. Intercambiamos un par de frases, creo haber dicho algo que lo hizo reír, y eso fue todo. Colo Colo ya había caído ante Independiente en la final de la Libertadores.

Lo que vino después ya se sabe con suficiente detalle como para agregar alguna descripción significativa. En medio de la humillación constante y el miedo con que se arrastraban los días después del golpe, sobrevino la muerte de Pablo Neruda, y Hernán Loyola estuvo donde él sabía que tenía que estar. Hay una foto de esos momentos, aún sobrecogedora: Loyola de pie ante el cadáver del poeta, en los momentos previos a que fuera depositado en el ataúd. El maestro hizo su guardia en la capilla ardiente, en La Chascona, la casa en los faldeos del cerro San Cristóbal que había sido arrasada por los militares.

Un día de octubre, cuando el régimen golpista ya había dado a conocer la crueldad de su naturaleza, pero no sus alcances, Hernán Loyola recibió un llamado del poeta Hernán Castellano Girón, recién asilado en la embajada de Italia, previniéndolo respecto a un posible allanamiento de su domicilio. El mismo llamado lo conminaba a buscar refugio en la legación italiana para evitar una detención inminente. Y lo antes posible.

No eran momentos para dejarse estar, como aconsejaba el terror de esos días y la propia razón, hoy, cuando esta vuelve a echar una luz retrospectiva. El 6 de octubre de 1973, apenas terminado el toque de queda, ayudado por un amigo, y en uno de esos actos que la memoria del cuerpo se niega a recordar, Hernán Loyola escalaba el muro de la legación italiana (Chile no tenía convenio de asilo con Italia) y días más tarde recorría, por última vez, en un micro especial y junto a otros asilados, las calles de Santiago que conducían al aeropuerto, y que él y sus compañeros de aventura no volverían a ver hasta varios años después.

Aquí perdimos el hilo por mucho tiempo. De vez en cuando, nos llegaba a su grupo de alumnos una que otra deshilachada noticia sobre su singladura europea. Con los años, como es natural, el grupo completo del seminario terminó desapareciendo de su memoria. *Contrario sensu,* un maestro como Loyola no estaba para desaparecer de la nuestra.

El maestro y Neruda

Loyola ha hecho un hallazgo crucial en Neruda que justifica todos los años invertidos en una obra cuyo contenido él juzga inacabable en su significación. El Nobel chileno no intentó crear una escuela poética, ni movimientos, ni escribió manifiestos, excepto su "Por una poesía sin pureza", texto de 1935, aparecido en la revista *Caballo Verde para la poesía,* en Madrid. Este texto, sin embargo, más parece una necesaria vuelta de tuerca en la que el poeta de carne y hueso se aclara a sí mismo, en forma pública, y como para su propio provecho, este giro desde el permanente buceo en el "yo" poético, eso que Loyola llama "la nocturnidad" de la poesía de Neruda, hasta el descubrimiento de todo un mundo de objetos que presentan las huellas de la mano del hombre, y que llevan inscritos en sí mismos las felicidades y dolores de la inevitable vida en sociedad, (la "diurnidad" de que habla Loyola). Neruda escribió:

> Es muy conveniente, en ciertas horas del día o de la noche, observar profundamente los objetos en descanso: las ruedas que han recorrido largas, polvorientas distancias, soportando grandes cargas vegetales o minerales, los sacos de las carbonerías, los barriles, las cestas, los mangos y asas de los instrumentos del carpintero. De ello se desprende el contacto del hombre y de la tierra como una lección para el torturado poeta lírico. Las superficies usadas, el gasto que las manos han infligido a las cosas, la atmósfera a menudo trágica y siempre patética de estos objetos, infunde una especie de atracción no despreciable hacia la realidad del mundo.

Para nuestro estudioso, Neruda descree de manifiestos y escuelas literarias porque se concibe a sí mismo como un poeta incompleto, esto en un sentido inusitadamente positivo del término, es decir, como un permanente *work in progress*, como una conciencia en constante expansión. Pruebas al canto. Tras el reconocimiento inmediato de sus *Veinte poemas de amor y una canción desesperada*, el Nobel chileno podría haber escrito otra veintena de poemas de amor y algunas canciones desesperadas de yapa para acompañarlos. Neruda, sin embargo, sabía que su propia vida lo llamaba al paso poético siguiente. Ignoro si lo digo bien, pero me parece que el maestro Loyola establece *una ecuación entre una vocación poética y una vocación de existencia*. Si no me equivoco, de aquí procede la concepción central de Loyola que le ha inspirado todos sus ensayos críticos, incluyendo, por cierto, su *Neruda, la biografía literaria*. Aprovecho de denunciar públicamente que, hasta este momento en que escribo, el maestro aún nos adeuda el segundo tomo.

Loyola debería haber sido traducido, por lo menos, al inglés hace varias décadas. Se afirma de Chile que basta levantar una piedra para que aparezca un poeta. En Gran Bretaña, semejante esfuerzo encontraría, bajo la misma piedra, biógrafos y biografiados. El Reino Unido no es para nada ajeno a la idea de una biografía literaria, tal como la concibió Coleridge, con datos sobre su vida que justificaban sus opiniones de ese momento sobre la literatura. Isaiah Berlin, politólogo, historiador de las ideas y famoso expositor de las ideas liberales letón, también escribió *Karl Marx*, una biografía que incluye una visión crítica del desarrollo de las ideas del influyente pensador alemán. Los libros de Loyola estarían en excelente compañía. Solo que, sospecho, que la cultura anglosajona, escéptica, empirista y con un sentido democrático de la justicia que le hace instalar la figura del jurado, parece no aceptar que los escritores de biografías tomen partido por su respectivo biografiado, da la impresión de obligarlos a presentar solo hechos y dejar en manos del lector la composición final de la semblanza del retratado.

Loyola, por el contrario, aparecería a esta luz como un defensor instantáneo, como un guardaespaldas incondicional del premio Nobel chileno, que fue su amigo, su conmilitón y el autor de una vasta obra en la que el crítico se siente como en casa. Esta defensa a ultranza sería de seguro vista con movimientos superciliares por parte de lectores demasiado acostumbrados a hacer el trabajo por sí mismos. Y no es que Loyola no lance sobre la mesa argumentos bien pensados y mejor expuestos. Es, simplemente, que, en la cultura anglosajona, parece no ser lo que se estila.

Aclaro: tampoco es que Loyola no haya tenido una relación madura con el vate. A la hora de marcar distancias y diferencias: sé de primera mano que Neruda le manifestó su enojo a Loyola cuando el maestro decidió escribir una crítica de la poesía de Roberto Fernández Retamar, poeta cubano al que no le falta talento, aunque a veces le reditúen más las labores de comisario. Fernández Retamar había sido uno de los redactores de una carta de repudio a la visita de Neruda a Estados Unidos y al Pen Club de Nueva York, en julio de 1966. El poeta chileno decidió guardar un digno silencio ante la arremetida cubana, pero no perdonó nunca la agresión. El maestro estaba en dificultades con el vate, pero decidió resistir la andanada entre las cuerdas y reiniciar desde ahí el contraataque, que partió por defender la independencia de sus decisiones y declararse "grandecito" para hacer lo que estimara conveniente. Neruda, seguramente, concluyó que no era justo que su dignidad ofendida por la invectiva cubana salpicara de esa forma al leal amigo y lo invitó a hacer las paces con un vino que el maestro —lo afirma él mismo— no ha vuelto a ver en su vida.

Revive el contacto

La entrevista para la BBC nos dio pie al maestro y a mí para desplegar un contacto cada vez más nutrido a través de teléfono, correo electrónico y toda aquella tecnología que no deja de asombrarnos a quienes crecimos con las palomas mensajeras o la angustia de esperar cartas. Añado muy de paso que yo había llegado a Londres por una antiheroica unificación familiar con Patricia Palma, quien fuera mi mujer de dieciocho años, y quien sí sufrió los rigores de la dictadura durante trece meses.

Por temas de conversación, el maestro y yo no nos quedamos jamás. Era obvio que hablar de política, de jazz (que ocupa en la vida de Loyola un lugar tan preponderante como la poesía) de teoría literaria, de proyectos propios y ajenos, exigía —después de un tiempo— el contemplarse cara a cara. Mis constantes invitaciones a Londres no consiguieron sacarlo jamás de Sassari.

Después de un hiato de ocho años, razones familiares me empujaron a iniciar visitas más asiduas a Santiago y decidimos encontrarnos en uno de esos eneros calcinantes del verano en nuestra ciudad. Lo pasé a buscar a su departamento de calle Carrera. Antes de salir, el maestro buscó un vaso de agua y se tragó una píldora: "Otra más", dijo, sin la menor intención de queja, sino como alguien que acusa recibo de un proceso ya anticipado cuando se tienen claras las reglas del juego. Otra lección para el alumno que, en esos días, ni soñaba con tabletas diarias ni operaciones en perspectiva. Por otro lado, casi podría afirmar que Loyola se ganó el premio mayor de alguna lotería genética. Estoy seguro de que el maestro se las ha arreglado muy bien para pasar por la vida sin pegarle a una pelota de fútbol, sin jamás acertarle al aro de un baloncesto ni intentar quebrar el récord de los cien metros planos. Esta es la historia secreta del ensayista, que debo mantener secreta, so pena de darles un mal ejemplo a hijos y nietos.

Salimos a la calle y ya el sol caía con fuerza inaudita sobre las paredes de los edificios, aplastando todo lo que se moviera en las veredas. Transitábamos con el menor apuro posible, buscando las últimas hilachas de sombra para llegar hasta donde la "Ana María", sabiendo que no debíamos quejarnos. Describo esto porque es lo que normalmente hacemos cada vez que nos encontramos: no quejarnos del calor, ni del tráfico ni de los dolores respectivos que nos acortan el paso. Esa vez pudo haber sido el "Carnes Morandé" o "Las delicias de Quirihue". En todas partes lo conocen como "el profesor." Ana María lo recibió de beso. A mí me dio una mano muy formal. Había demasiado de qué hablar en un primer encuentro, de modo que con la mejor de las reinetas que yo había probado hasta entonces y un blanco de nombre extraño ("Santa Digna") saltamos de las circunstancias personales, a la salud, y de las consideraciones políticas a la teoría con que el maestro respalda el valor científico de la astrología. *Comme il faut*.

Incluyendo esa oportunidad, y en años sucesivos, en nuestras caminatas ya casi ceremoniales por Carrera hacia "Las delicias de Quirihue", en sus largas sobremesas, he descubierto rasgos de la personalidad de Loyola que sorprenden a quien sigue teniendo de él la imagen de un maestro al que nada puede remecer. Primero, es un hombre que no teme hacerse vulnerable a la hora de dejar hablar a los sentimientos o traslucir la emoción. Pese a ser el académico por el que responde una decena de libros, no trepida en reconocer y pedir aclaración de algún término que se le escapa en la voz de su interlocutor, ni tampoco es de los intelectuales que cambian de tema cuando alcanzan a darse cuenta de que la conversación se encamina hacia contenidos que, razones no faltan, han caído en el punto ciego del ojo. No creo que finja interés solo por mera gentileza. Me parece que despliega el genuino deseo de aprender del diálogo, que lo mantiene intelectualmente alerta y productivo (maestro, ya sé que esto va pareciendo informe de profesor jefe, pero es la deformación profesional).

Lo otro es su tolerancia, desde una posición en que es difícil mantener una reserva de equilibrio para acoger lo que no concuerde enteramente con su visión de mundo. Loyola milita hace más de seis décadas en el Partido Comunista de Chile, una agrupación política altamente jerarquizada, que ha sufrido al menos tres veces el intento de exterminio por parte de gobiernos y dictaduras debido a su fidelidad a la causa popular. Estaba todo dado para que Loyola planteara sus relaciones en los términos maniqueos de "el que no está conmigo está contra mí". En su tiempo de profesor de nuestra facultad, una de sus constantes era poner el imperativo pedagógico por encima de su militancia política si enfrentaba a alumnos con posiciones pretendidamente más radicales que la suya. Por otro lado, Loyola mantuvo una gran amistad, hasta su muerte, con el escritor José Miguel Varas, exmilitante comunista. El maestro también considera el humor como una de las gracias salvadoras. Hay fotos de índole patafísica que lo muestran en compañía del poeta y cantante Mauricio Redolés, también excomunista, avanzando por la calle, el puño en alto, jugando a ser un par de amigos que llegan a una manifestación fallida en la que ellos son los únicos manifestantes. Todo esto, frente a una pared con el rayado de un partido político inexistente. O, en el departamento de Loyola, con el mismo Mauricio, mientras la esposa de este último, Carolina González, apunta el celular hacia los gorros militares soviéticos, de la colección del maestro, con los que el poeta y el ensayista han decidido entonar antiguas canciones rusas por fonética.

Last but not least, tampoco se resiente de este intercambio conmigo, aunque, de vez en cuando, el maestro marxista leninista le propine inesperados coscorrones a su alumno socialdemócrata, y este deba responder con inevitables picotones a la mano que le dio de comer. Todo esto en conversaciones de Skype, en las que Loyola aparece en medio de su poblada biblioteca personal, presidida por el busto de Lenin.

Neruda y los huevos del águila

El maestro me ha invitado varias veces a escribir sobre Neruda en su revista. Mi respuesta invariable es que no se le roban los huevos al águila. Juzgue mi amable lector si tengo razón, con una situación análoga. Después de recuperado el contacto, maestro y pupilo han ido apilando, de un lado y otro, hermosas anécdotas en las que figuran damas. En el tiempo de las dos alemanias, en una versión más bien romántica de *El espía que regresó del frío*, Loyola esperaba en el *check-point Charlie* (el lugar de Berlín donde se intercambiaban presos entre el este y el oeste) a la amada que venía de Leipzig. Hace algunos años, conocí a una periodista croata a bordo del avión entre Sao Paulo y Santiago. Como venía leyendo, *Confieso que he vivido* en serbocroata, le ofrecí —en inglés— presentarle al mayor nerudólogo del mundo y, de pasada, yo podía probar fortuna de la manera más auspiciosa posible, a juzgar por la boca abierta con que me miraba la periodista. La aventura resultó un sonado fracaso para mí. Al maestro, en cambio, la periodista le grabó hasta las pisadas (ahora que abro este paréntesis, me doy cuenta de que lo que hay entre él y yo se trata de una especie de ciega competencia entre tauros enamoradizos y proclives al deslumbramiento por parte del otro sexo).

Esta amable rivalidad, también se da en el cine. Cuando el maestro se declara perdidamente enamorado de Helen Mirren, yo contraataco con la bella Jennifer Agutter. En cuanto a damas del jazz, Loyola es increíblemente selectivo y debo declarar en su favor que les es absolutamente fiel solo a dos mujeres: Anita O'Day y Stacey Kent, pese a que lo he tentado con una larga lista de musas, la que, entre decenas de otras, incluye a Billie Holliday, Nina Simone y Ella Fitzgerald. Quien escribe, como Oscar Wilde, puede resistir cualquier cosa, menos la tentación.

En 2004, cuando se cumplían cien años del natalicio de Neruda, me contrataron para que leyera, en español, un par de sus poemas en el lanzamiento de una biografía del poeta escrita por el académico inglés y traductor, Adam Feinstein. La gratísima sorpresa para mí venía por el lado de mi contraparte, que leería el mismo par de textos, pero en inglés. La lectora sería una actriz británica de presencia constante en los escenarios y las pantallas grande y chica del Reino Unido. Hasta hoy no atino a dar con la razón para que Hollywood no haya venido a secuestrar a Juliet Stevenson sin pedir rescate. En una película del prematuramente desaparecido Anthony Mingellah, Stevenson hace el papel de una joven viuda que no logra conformarse con la muerte de su marido músico. Hay una escena, en la que la joven rompe a llorar tan sentidamente durante una sesión con el analista, que no es posible creer que la actriz esté todavía en control de las reacciones de su personaje. Por una oportuna coincidencia, la noche anterior al lanzamiento del libro de Feinstein, un canal había incluido la película referida, *Truly, Madly, Deeply*. Este comentario estaba en el aire, en la testera, mientras nos estrechábamos la mano con ella durante las presentaciones. Creo haberle hecho mención del impacto que produce en el espectador la escena que acabo de mencionar. Ella me miró directamente a los ojos e hizo el reconocimiento de uno que llora en el cine. Silenciosamente desenmascarado, ya no tuve empacho en decirle —otra vez con los ojos— que si una mujer llora por mí como su personaje lloraba por el músico muerto, no me importaría morirme veinte veces. El lanzamiento completo fue un éxito de público y de ventas.

De regreso en mi casa, el tiempo pasaba más lento que de costumbre. A alguna hora conveniente tenía que telefonearle al maestro. Aproveché mi propia intranquilidad para acumular detalles. Por primera vez, noté que mi mujer noruega se ponía celosa, lo que era un valor agregado a la experiencia. En el teléfono, Loyola se mostró interesado. Le fui pasando la película con calma. No conocía a Juliet Stevenson. Le improvisé una breve biografía artística, prometí enviarle fotos. De pronto, el maestro lanzó sobre la mesa el cuarto as que guardaba en la manga: "¿Tú sabías que la única vez que visité Inglaterra estuve cenando con Julie Christie?"

¿Escribir sobre Neruda? ¿Yo? ¿Alguien sabe cómo se le roban los huevos al águila?

Historia secreta de un Tap-dancing

Hay consenso general en que Hernán Loyola es un hombre que debería maquillarse si tiene interés en representar los noventa a los que se está acercando. Cada año, echa un par de maletas arriba de un avión y viaja quince o más horas desde Italia a su Chile natal. El secreto de su larga y siempre renovada vida intelectual parece estar en su actitud de escuchar críticamente a lo que proponen intelectuales y poetas jóvenes. Así es como le sobra una chispa que en muchos hombres de su edad hace tiempo que se ha apagado (si es que alguna vez la tuvieron). Estoy convencido de que para mantenerse realmente vivo hay que saber mantener dentro de uno una especie de locura *sine qua non*, disciplina en la que el maestro también es maestro. Carolina, esposa de Redolés, quedó tan encantada con una interpretación de Loyola del himno del liceo "Miguel Luis Amunátegui", con silbidos, batería y todo, que le pidió un bis para grabarlo. El maestro accedió a la petición con la modestia del músico de hombres que es y ya podemos decir que existe registro fonográfico a disposición de quien lo solicite.

De esta otra locura que paso a narrar, no queda más testimonio que estas líneas y la presencia de una amiga común. Lo que viene ocurrió a la salida de la confitería "Torres", tras una conversación alrededor de sándwiches de ave con palta y café. Consigno el detalle culinario para que se sepa que no puede haber excusa por el lado del alcohol. No sé qué pie le di al maestro para que me disparara a boca de jarro la pregunta de si me gustaba el tap-dancing. Estábamos ahí en la vereda frente a la confitería, las luces del alumbrado público recién comenzaban a hacer su trabajo, pasaba poca gente y preferí ilustrarle la diferencia entre el tap estadounidense y el británico, partiendo por lo que le había visto hacer a Gregory Hines, pero, claro, andar con las sandalias del verano no ayuda. Frustrado, le mencioné a Fred Astaire y Ginger Rogers. En nuestra competencia, el maestro contraatacó con Eleanor Powell (reconozco que con toda la razón). Repasamos un par de nombres más y juro que nunca le había visto esa cara casi de desamparo cuando dijo (que lo sepan sus lectores, sus colegas, sus editores, los dirigentes del PC chileno, sus exalumnos: ¡Equis, equis, equis, tú eres testigo de lo que ocurrió en esa vereda!): "¡Habría dado todos mis ensayos sobre Pablo Neruda por poder bailar como Fred Astaire!"

No se culpe a nadie: reitero que en la reunión solo había habido café y té para acompañar los sándwiches de ave con palta.

El síndrome de Schopenhauer

Desde que el profesor de castellano, novelista y antropólogo chileno Juan Uribe Echeverría, lo convenciera —hace varias décadas— de que había un compatriota cuya poesía podría merecer su atención como crítico literario en ciernes, Hernán Loyola no ha parado de escribir sobre Neruda. Ha publicado una ingente cantidad de libros críticos, estuvo a cargo de las obras completas del poeta, ha preparado antologías de su poesía y escrito incontables artículos sobre el vate para revistas chilenas y extranjeras. Agréguese que, hace años, dirige y edita *NERUDIANA*, una revista que recoge artículos e inquietudes de connotados críticos literarios, académicos y poetas sobre la vida y obra del Nobel chileno.

Alguna vez le pregunté —¿cómo no?— si no temía repetirse. Estábamos esperando un taxi que nos llevara hasta un restaurant de Agustinas que él quería probar. El monosílabo escueto con que dio por terminada la conversación me hizo pensar en que tal vez lo había ofendido. Durante el almuerzo intenté llevar la conversación al mismo asunto, a ver si era necesaria una disculpa. Me convencí de que no cuando le pregunté por qué se había desenamorado de ese libro que le valió un premio en Casa de las Américas, en Cuba, durante los sesenta, *Ser y morir en Pablo Neruda*, distinción que el volumen comienza a merecerse ya a partir de su título inquietante. "Es que las cosas que digo en ese libro", replicó con algo de reflexionada decepción, "las podría haber dicho de mucho mejor manera hoy en día".

Y es que es cierto. Con la prosa de Loyola hay que tener mucho cuidado porque "adolece" del síndrome de Schopenhauer. Para empezar, el autor de *El mundo como voluntad y representación* tiene como propuesta de trabajo una cita del francés Vauvenargue: "La claridad es la honestidad del filósofo". Explorador en profundidad de unas pocas ideas, Schopenhauer expone al lector al peligro de ser seducido por esas ideas, no tanto por la impecabilidad de la lógica con que las despliega, sino por la belleza creciente con que las reelabora capítulo a capítulo. Al maestro le debo tener que recurrir su buen par de veces al diccionario durante la lectura de alguno de sus libros (con cuyo regalo me honra siempre), pero con Loyola no existe nunca el riesgo de que el intelectual se deleite confundiendo abstrusión con erudición, y se puede esperar de él una adhesión estricta, en cada una de sus publicaciones, a la gran máxima de buena fe que Schopenhauer defendió con dientes y muelas.

Eso para empezar. Reitero por escrito lo que ya le he expresado a él en un par de oportunidades: Loyola maneja una prosa grave y esdrújula, es decir, lucida y lúcida, que es el producto del asedio a una obra vasta y diversa sobre la base de esa feliz intuición que equipara existencia con vocación poética. Para muestra, algunos botones:

> *Neftalí no vivió el bosque de su infancia como el remanso lírico de cierta tradición romántica, sino como hervidero de energías. El bosque fue la lección imborrable acerca de un ALGO, allí omnipresente, surgiendo sin cesar del conflicto entre fuerzas y pulsiones en lucha, entre la proliferación y las defunciones, entre la vida y la muerte, en suma, emergiendo como la culebra desde las entrañas del tronco podrido; ALGO que no era posible nombrar porque todo nombre le quedaba estrecho; ALGO que dentro de la ideología laica de Pablo era lo Innombrable por excelencia, porque su Nombre era tan imposible o inimaginable como el de la divinidad en los libros sagrados.* (Neruda: la biografía literaria, 239)

> *El poeta* deshabitado *invoca tímidamente, por primera vez en estos años de exilio, el océano de Puerto Saavedra que por entonces es un mar de invierno (corre el mes de junio), y más en general ese Sur de la infancia (dominio sumergido...aparentemente muerto) que en otros textos llamó los orígenes.* (El joven Neruda, 233)

> *Entonces, volviendo a marzo-abril de 1935, nuestro poeta imagina sin más una resurrección necesaria, un apocalipsis que no equivale al Juicio Final sino a la restitución de forma, consistencia, pasiones, vida, en suma, a la materia antes desintegrada: la resurrección como venganza de la carne enamorada, del cuerpo asesinado.* (El joven Neruda, 531)

Juzgue el lector si no me aventuro en terreno vedado: dos veces le he preguntado si se ha atrevido alguna vez con la poesía. En ambas oportunidades me topé con un "no" extraño, que intentaba pasar desapercibido para el interlocutor, y que no invitaba a continuar la indagatoria. La próxima vez trataré de preguntarle por qué no. A veces, pienso que Loyola dispara poesía y no se da cuenta. Podría citar muchos ejemplos, como el día ese en que me preguntó: "¿Quién puede decir con certeza adónde van a morir los pájaros?"

El verano pasado coincidimos en Santiago, pero nuestros respectivos planes y obligaciones se desencontraron. Ahora estoy a algunas semanas de una esperada reunión con él para recuperar el ritmo y la sincronía. Antes de mandarle este abrazo para que entre asentando bien el pie en su décima década, cuando por la ventana se ve el reflejo gris del cielo londinense sobre la calzada que hace brillar la llovizna, vuelvo a verme caminando al lado del maestro, bajo el sol de enero, y buscando la acera menos inmisericorde. Y, sabedores de las reglas del juego, ninguno de los dos se queja, metidos como estamos en la vida en vivo.

Bibliografía

Loyola, Hernán. *El joven Neruda, 1904-1935*. Santiago: Lumen/Random House, 2014.

Al maestro Hernán Loyola

Mario Valdovinos
INSTITUTO DE HUMANIDADES DE LA UNIVERSIDAD
DEL DESARROLLO / ESCRITOR

LO CONOCÍ CUANDO YO era un estudiante de Pedagogía en Castellano en la Universidad de Chile y él profesor de los cursos de Literatura Hispanoamericana y Chilena y de un seminario de título dedicado a Pablo Neruda. Elegí ambas cátedras y el seminario y pronto descubrí que la poesía y la figura de Neruda eran una pasión común, si bien los conocimientos suyos superaban inmensamente los míos. Es más que una sospecha: lo seguirán haciendo. El seminario lo oficiaba el maestro una vez por semana en su ordenada oficina del Instituto de Literatura Chilena, cercano a la casa pintada de verde que alojaba al departamento, todo en el inolvidable recinto de la Facultad de Filosofía y Educación, el mítico *Peda* de aquellos años. Era un hombre de terno y corbata, bigotudo y rasurado, sin ninguno de los excesos capilares de aquellos años de revueltas, amable, salvo cuando perdía la paciencia, muy rara vez, y trataba a sus alumnos como un caballero provinciano, severo pero muy atento. Supe después que venía de Talagante y que, cuando iba a titularse de profesor, su maestro, Juan Uribe Echevarría, le sugirió que cambiara la tesis que preparaba sobre don Luis de Góngora y Argote por una relativa al poeta de Isla Negra, vivo por aquellos años y poco asediado desde el ámbito académico, no es tan extraño ya que nadie es poeta en su tierra. Hernán ha contado en su brillante texto que pronunció al ser incorporado a la Academia Chilena de la Lengua, el 30 de noviembre de 2009, que le pareció, no sin ciertas pequeñas reticencias al consejo de Uribe, atractiva la posibilidad. La tomó y de allí no se detuvo hasta hoy cuando bordea una edad inverosímil y lleva más de medio siglo como nerudólogo, de hecho, el poeta lo recibió en noviembre de

1952, en Michoacán, Los Guindos, la casa que compartía por esos años junto a Delia del Carril, en la actual comuna de La Reina.

Tras el golpe de Estado partió al exilio y nos perdimos la pista. Su seminario con nosotros, los alumnos suyos de esos años, quedó interrumpido, si bien no fue lo único. El país entró en una vorágine de represión y autoritarismo, los alumnos que quedamos debimos terminar la carrera de una forma temerosa, eludiendo el pasado de militantes y agachando la cabeza ante el autoritarismo. Yo supe de su instalación en Italia, tras varios círculos previos en otros países, y lo contacté años después cuando regresó a Chile. Sin duda yo me acordaba de él y, para mi ego, él también de mí. Retomamos el contacto y desde hace años, que ahora se aglutinan en décadas, nos vemos cada verano cuando viene al país a seguir indagando en la vida y obra del poeta, a escribir, en 2004, una carta dedicada a las autoridades cubanas para que reivindiquen la figura de Neruda, luego de que el poeta accedió a dar un recital de sus versos en Nueva York, en junio de 1966, lo que le valió un documento de rechazo de las autoridades comunistas firmado por decenas de intelectuales, algunos a conciencia y otros obligados, el documento se llamó "Carta abierta de los intelectuales cubanos a Pablo Neruda". No fue tomado en cuenta, no importa, ni tampoco su brillante iniciativa de nombrar Pablo Neruda al aeropuerto...qué demonios.

Cada verano, instalado el biógrafo en Santiago, en su departamento de la calle Carrera, almorzamos y recorremos los hitos del tiempo en que no nos hemos visto. Hablamos de otra pasión común: el jazz, donde una vez más me supera ampliamente. He llegado a mencionarle trompetistas y saxofonistas inexistentes, a ver si lo sorprendo con algún intérprete que él no conozca. No hay caso, siempre me desbarata; en otra oportunidad le hablé de una amada del poeta, cuando estaba en Birmania —hoy denominada Burma y/o Myanmar— una chica europea, sensual y generosa con su cuerpo, por completo distinta de Josie Bliss...nada, me desbarató en segundos. Cuando trabajé como editor literario en una importante editorial, me encargaron revisar, para no decir editar, su texto sobre el poeta, *Neruda. La biografía literaria*, 2006, que revisé entero, como era mi deber, y no logré que aceptara ni una sola de mis modestas sugerencias. Ni una sola.

Lo he escuchado, en casa de un amigo, Enrique Salinas, también exalumno suyo, de la época del liceo N. 7 de Ñuñoa, hablar de la bella relación que tuvo con su padrastro, de la muerte de su hijo, un jazzman, hace un par de años, de su hijo menor, Matías, con su esposa italiana, Simonetta, de su amistad con su primera esposa, Elena Ballerino, tantas situaciones, rostros, siluetas, figuras nítidas, remotas. Hernán nos ha nutrido, enseñado y guiado.

Debo reconocer que no me resulta atractivo escribir un ensayo literario sobre el aporte de Hernán en el examen de la obra del poeta. No entro por allí a la creación monumental del poeta islanegrino ni a la de ningún autor o autora que yo ame, no y no. Si se anteponen la mente, el rigor y las estructuras literarias o de otro orden…arranco. Si no se eriza la piel ni agita el corazón, o lo que quede, huyo sin más. Sin embargo, el método donde el investigador Loyola fusiona la vida y la poesía de don Pablo me resulta atractivo e incluso entrañable. Hernán es sagaz, hondo, novelesco, entretenido, fusiona la obra, la biografía y la época con una orientación coherente para seguirlo. Méritos muy difíciles de lograr. Loyola entra al alma y al cuerpo de Neruda con una fe magnífica y contagia a su lector o lectora, seduciéndolos, incluso en los momentos y etapas en los que no se está de acuerdo con sus propuestas. Nada menos.

Loyola indaga en los pasadizos más conflictivos de la bella vida del poeta, que no estuvo desprovista de horrores y hechos deleznables. Por ejemplo, el tema de la hija, Malva Marina, a la que repudió en lo afectivo y ayudó escasamente en la obligatoriedad económica. La novela de Hagar Peeters, de nombre *Malva*, que a mí me encantó, a él no, en lo más mínimo, me lo comunicó en un largo y perfectamente redactado mail que me envió, pero no importa. Tampoco coincidimos en el marxismo, que yo abandoné tras una cercanía hace décadas y del cual fui más bien un lector y, como militante, más allendista que prosoviético, como él; en resumen, mi conocimiento no pasaba de haber leído textos teóricos y gritado algunas consignas, actitudes muy de la época. A Hernán, por encima de todo, su pasión, avasalladora, nutriente y destructiva, como toda pasión, lo mantiene como en aquellos años, erudito, amable, respetuoso hasta con las ignorancias avasalladoras, y con un gesto juvenil cuando se ríe.

En la lotería docente a los alumnos de ese tiempo nos tocó el profesor Loyola; qué suerte, un humanista magnífico.

III. Nuevas lecturas nerudianas

Neruda cosmonauta

Alain Sicard
UNIVERSITÉ DE POITIERS

para Hernán Loyola, explorador incansable del cosmos nerudiano

1

¿Qué piedra lanzada por qué mano entusiasta ha parido esta nave amarrada a *La barcarola* de 1967?[1]

2

El entusiasmo del Hondero siempre lo devuelve a la tierra y a la amada, "amarrándose a las mismas raíces, / madurando en la misma caravana de frutas..."[2], y "aquél que quería ir a la siga de la noche"[3] renunciará finalmente a su Tentativa[4].

3

¿Existe un poeta más terrestre que Neruda?

4

Una casa que "tiene mar y tierra", una "mujer con grandes ojos color de avellana"[5], añadamos una botella de "vino inteligente"[6] en la mesa: el cosmos en la tierra.

5

El espacio nerudiano: un espacio con raíces. "La tierra / es nuestra estrella".[7]

6

"Continuarán viajando cosas / de metal entre las estrellas, / subirán hombres extenuados, / violentarán la suave luna / y allí fundarán sus farmacias"[8]. "El perezoso" no es retrógado ni conservador. Simplemente: "no quier(e) cambiar de planeta".

7

Pero, "muchos somos"[9]. A ratos perdido el Perezoso viste de militante de las estrellas.

En 1962, Neruda firma en el diario *El Siglo* un artículo titulado "La hazaña soviética" en el que celebra con entusiasmo el vuelo doble de Adrián Nicoláëv y de Pável Popóvich en Vostok III y Vostok IV. El miltante y el poeta hablan con una sola voz: "Los cosmonautas soviéticos... Son los poetas descubridores del mundo... En este nuevo Parnaso, Gagarín, Titov también tienen su diadema, pero falta que los poetas incorporen, antes y después de *volar con los astronautas*[10] la sensación nueva que significa la dominación del universo infinito"[11].

8

Pablo Neruda, el primer poeta que anduvo en la luna, "Sola en su magnitud, como si hubiera / destruido una por una las vidas para establecer su silencio"[12]. Era alguna vez, cerca de Antofagasta.

9

A la nueva raza de poetas cosmonautas que profetizaba no pertenece —felizmente— al autor de "El astronauta". Otra es su nave y otra su estrella.

10

El astronauta de *La barcarola* no es candidato a ningún Parnaso cósmico. Es una criatura del azar, "engendrada por equivocaciones de padre y madre", sin otra identidad que llegar de aquel otro planeta que llaman la tierra.

11

Huye. Fugitivo sin barba ni sombrero, sin caballo ni hóstil cordillera que cruzar, sin ningún tirano que lo persiga, huye, como el Rhodó de *La espada encendida*,[13] huirá de un siglo de sangre y ceniza, hacia el sur de la infancia.
 Pero al adán del cosmos ninguna Rosía le espera, ningún perfume de la selva.

12

El poema-relato es en primera persona. Debajo del disfraz la autobiografía asoma: ahí está la caterva de "los inclementes". El epíteto es inédito en el léxico nerudiano. Entendamos: aquéllos incapaces de la indulgencia o compasión con que los agasajaba el sonriente anfitrión de Isla Negra.

13

"El caníbal parasitario, el cínico, el frívolo dicharachista": todos están y no están, toda la "sociedad" santiaguina que acudía a las fiestas del poeta. ¿Y qué decir de los envidiosos, los primeros entre los "inclementes"?

14

La estocada secreta de Pablo: seguir "haciendo regalos a los hóstiles".

15

Una generosidad despilfarradora como el mar versus la envidia "como un caimán de cuarenta colas podridas".
 Pero éste es otro —¿o el mismo?— cuento.

16

"Adelante, salgamos del río sofocante / en que con otros peces navegamos / desde el alba hasta la noche migratoria / y ahora en este espacio descubierto / volemos a la pura soledad"[14]. Son las últimas palabras del *Memorial de Isla Negra* (1964).

"El astronauta" ha escuchado su llamado.

17

Todos los edenes un Edén: lo inhabitado.

18

El sujeto poético de lo inhabitado: sin historia ni Historia: "el carpintero ciego, sin manos": "el nocturno"[15].

19

El astronauta, embajador celeste de las profundidades.

20

Lo inhabitado, versión material de lo infinito. ¿Leer "El astronauta" como otra 'tentativa del hombre infinito'?

21

Lo inhabitado participa del mito americano. Los historiadores dicen que lo inventaron los europeos. Pero el Poeta lo designa como el lugar donde nació su canto ("De dónde vengo sino de estas primerizas, azules / materias que se enredan o se encrespan o se destituyen..."[16]), el lugar donde, desde la segunda *Residencia en la tierra,* se ha venido nutriendo.

22

"...y era toda la estrella aquella como una antigua mariposa / de ancestrales alas que apenas tocadas se desvanecían / apareciendo entonces un agujero de metal, / una *cueva*[17] en cuyo pasado brillaban las piedras del frío". El lector de *Las piedras del cielo* conoce esta cueva y estas piedras, recuerda aquel extraño poema en prosa de *Piedras del cielo*, el pánico que se apodera del poeta en la entrada de una gruta marina al oír el eco de su voz "con un aullido delirante como venido de otra planeta". El paseante no penetra en la cueva. Huye espantado, perseguido por "aquel lamento agudo y redoblado, como si un violín enloquecido [le] despidiera llorando"[18].

23

El apacible botanista de Isla Negra, ahora disfrazado de astronauta, ha franqueado el umbral de la cueva. Sabe que su viaje no tendrá regreso.

24

Neruda admirador de las novelas de anticipación y de los viajes imposibles de Jules Verne. "El astronauta" ¿"poema de anticipación"?

¿Qué puede anticipar un *poeta* —conscientemente o no— sino su propia muerte? ¿Qué imposible viaje imaginar sino aquél suyo sin regreso?

25

La muerte: rostro definitivo de lo inhabitado; lo inhabitado: su permanente disfraz.

26

En un prólogo-manifiesto de 1934, Neruda "preconiza la entrada a la profundidad de las cosas en un acto de arrebatado amor"[19].

¿Por "un acto de arrebatado amor" conjurar la propia muerte?

27

De los poemas de la poesía póstuma, el último de *Jardín de invierno* es el más desgarrador. Su título —por una coincidencia que dejaremos sin explorar— es "La estrella". Es otra variación sobre el viaje sin regreso: Bueno, "ya no volví, ya no padezco / de no volver, se decidió la arena... / ...No hay albedrío para los que somos / fragmento del asombro..."[20].

"El astronauta" era exento de esa resignación angustiosa. La fascinación de lo inhabitado trascendía el horror de ver en él la última morada.

28

"No me hacía falta la ropa sino el lenguaje" confiesa el Adán cósmico en la tercera estrofa del poema. Es cuando intenta reinventar la palabra repitiendo el viejo tópico nerudiano de la gota y de la semilla. La gota de rocío quiere hacerse semilla[21], pero no encuentra al final de su caída ninguna promesa de rosa sino "la identidad, la historia, el cuento de los que dej(ó) en la tierra".

29

El poeta de *Residencia en la tierra* lo sabe: no hay lenguaje fuera del tiempo. Sólo uniéndose con la madera, habitando aquel silencio donde vida y muerte confunden sus campanas: "Y hagamos fuego ,y silencio, y sonido, / y ardamos, y callemos, y campanas"[22].

Sólo aceptando el duro cielo de las piedras y entregándose a la "mortífera astrología" del silencio.

30

Al deshabitarse es cuando la palabra luce su más deslumbrante vestido: "...y fui enterrado por un cauce silencioso, / por un gran río de esmeraldas que no sabían cantar".

32

El Poema sobrevive al diluvio de las esmeraldas.

Notas

1. Las citas sin nota al pie pertenecen todas al décimo episodio de *La barcarola:* "El astronauta" (O-C III, 244). "Las piedras entusiastas que hagan parir la noche" (*El hondero entusiasta* I, *Obras completas* I, edición de Hernán Loyola (Barcelona: Galaxia Gutenberg, Círculo de lectores, 1999), 163. Todas las citas del poeta viene de esta edición.

2. Ibid 4, 165.

3. *Tentativa del hombre infinito* (*Obras Completas* I, 204).

4. Sobre *Tentativa del hombre infinito* es imprescindible la lectura de la introducción que escribió Hernán Loyola a su excelente y exhaustiva edición del libro: *Tentativa del hombre infinito, poema*, edición de Hernán Loyola (Madrid: Cátedra, Letras Hispánicas, 2017).

5. "El perezoso", *Estravagario* (*Obras completas* II, 125).

6. "Oda al vino", *Odas elementales* (*Obras completas* II, 254).

7. "Oda a las estrellas" (*Nuevas odas elementales,* op. cit. II, 318).

8. "El perezoso" (*Estravagario,* op. cit. II, 725).

9. "Muchos somos" (*Estravagario* (op. cit. II, 657).

10. El subrayado es nuestro.

11. "La hazaña soviética" (*Nerudiana dispersa* I (*Obras completas* IV, 1109).

12. "XXI" (*Aún* (*Obras completas* III, 657).

13. *La espada encendida* (*Obras completas* III, 542).

14. "El futuro es espacio", *Memorial de Isla Negra* V, Sonata crítica, (*Obras completas* II, 1330).

15. "La línea de madera", *Canto general* XV, Yo soy (*Obras completas* I, 823).

16. "Eternidad", *Canto general* VII: Canto general de Chile (*Obras completas* I, 637).

17. El subrayado es nuestro.

18. *Las piedras del cielo*, XXIV (*Obras completas* IV, 640).

19. "Sobre una poesía sin pureza", Los prólogos a los caballos verdes, *Nerudiana dispersa* (*Obras completas* I, 382)

20. "La estrella", *Jardín de invierno,* (*Obras completas* III, 832).

21. Cf. nuestro libro *El pensamiento poético de Pablo Neruda*, segunda parte, cap. IV "Temas Dialécticos" (II) la gota y la semilla.

22. "Entrada a la madera", *Residencia en la tierra* II (*Obras completas* I, 325).

Bibliografía

Neruda, Pablo. 1999-2002. *Obras completas* I-V. Edición a cargo de Hernán Loyola. Barcelona: Galaxia Gutenberg, Círculo de Lectores.

———. 2017. *Tentativa del hombre infinito*. Edición a cargo de Hernán Loyola. Madrid: Cátedra, Letras Hispánicas.

Sicard, Alain. 1981. *El pensamiento poético de Pablo Neruda*. Madrid: Gredos.

El símbolo de la cruz en la poética nerudiana:
Un diálogo del amor y la muerte

Selena Millares
UNIVERSIDAD AUTÓNOMA DE MADRID

A Hernán Loyola, maestro del nerudismo

EXTRAÑO, OSCURO Y APARENTEMENTE lejano resulta el símbolo de la cruz en la poética de Pablo Neruda, quien no se ocupó de la temática religiosa de manera directa ni manifestó en su vida una profesión de fe. Su aparente distancia de ese tipo de inquietudes no es incompatible, naturalmente, con la permeabilidad ante el símbolo universal que es la cruz cristiana, o con el conocimiento del paradigma bíblico, que él trata como referente literario, simbólico y moral. Así, por ejemplo, en *Viaje al corazón de Quevedo* afirma que "tal vez sólo en la Biblia encontramos tanto dolor acumulado y tanta serenidad augusta" (Neruda 2001, IV 460)[1], y años más tarde, en un artículo publicado en la revista *Ercilla*, recomienda la lectura de unos versos del Libro de Job II, versículos 13-20[2], un gesto que evidencia la familiaridad con las Sagradas Escrituras y la alta consideración que le merecen. Las citará además textualmente en poemarios como *Canto general*[3] o *La espada encendida*[4], sus dos libros más vinculados con lo religioso y lo mítico[5], y todo ello fortalece esa idea de conocimiento y respeto de una cosmovisión que, más allá de su manifiesto ateísmo, integraba la *logosfera*[6] que le tocó vivir. Esa temática se proyecta, de manera sesgada y a través de emblemas puntuales —cruces, campanas, iglesias—, en toda su obra de juventud, desde *Crepusculario* hasta *Residencia en la tierra*, y su imaginería funérea se vincula con una reconocida vocación romántica.

Con el paso del tiempo, la mirada retrospectiva de Neruda ejerce la autocrítica, y su posicionamiento político lo lleva a cierta reticencia hacia esa vertiente luctuosa. Así ocurre en el artículo "Los críticos deben sufrir", publicado en 1968 en la revista *Ercilla*, donde escribe que "las cosas cambiaron porque el mundo cambió. Y los poetas, de pronto, encabezamos la rebelión de la alegría. El escritor desventurado, el escritor *crucificado*, forman parte del ritual de la felicidad en el crepúsculo del capitalismo" (Neruda 2002, V 178)[7]. Su rechazo de esas actitudes es manifiesto ahí: "Hölderlin, lunático y desdichado; Rimbaud, errante y amargo; Gérard de Nerval, ahorcándose en un farol de callejuela miserable, dieron al fin del siglo no sólo el paroxismo de la belleza, sino el camino de los tormentos. El dogma fue que este camino de espinas debía ser la condición inherente de la producción espiritual" (Neruda 2002, V 178). El compromiso nerudiano rechaza ese pasado para afirmar un nuevo vitalismo: "Los poetas tenemos el derecho a ser felices, sobre la base de que estamos férreamente unidos a nuestros pueblos y a la lucha por su felicidad" (Neruda 2002, V 178)[8]. Más tarde, en sus memorias —*Confieso que he vivido*—, Neruda se reconcilia con esa vertiente romántica —como hará también en otros lugares con el preciosismo áureo, en especial gongorino, con el que también tuvo una relación conflictiva:

> Del mismo modo que me gusta el "héroe positivo" encontrado en las turbulentas trincheras de las guerras civiles por el norteamericano Whitman o por el soviético Maiakovski, cabe también en mi corazón el héroe enlutado de Lautréamont, el caballero suspirante de Laforgue, el soldado negativo de Charles Baudelaire. Cuidado con separar estas mitades de la manzana de la creación, porque tal vez nos cortaríamos el corazón y dejaríamos de ser. (Neruda 2002, V, 725)

Ese gusto por la poesía romántica y postromántica recorre, por tanto, toda la vida de Neruda —aunque se vislumbra con distinta intensidad en su escritura. Se puede además percibir en los libros que figuran en los anaqueles de sus dos bibliotecas: la que dona en 1954 a la Universidad de Chile, y la que recoge en su casa de Santiago los libros que adquirió después —muchas veces iguales a aquellos de los que se había desprendido, lo que delata una significativa nostalgia. Hay en ellas un total de diecisiete ejemplares de Laforgue, dieciséis de Baudelaire, diez de Lautréamont, ocho de Musset, veintiocho de Nerval, cuarenta y uno de Rimbaud, seis de Shelley, ocho de Blake, otros tantos de Lord Byron, seis de Goethe y nada menos que once de Edgar Allan Poe. Esa poderosa presencia esconde además informaciones curiosas: el cotejo de ambas bibliotecas nos revela que tras el año 1954 Neruda, bibliófilo consumado, adquirió de nuevo once libros de Laforgue, ocho de Lautréamont, dieciséis de Nerval, seis de Blake, cinco de Poe y veinte de Rimbaud.

La inquietud romántica de Neruda se proyecta especialmente en sus primeros libros e indagaciones, es decir, en la década fulgurante en que se fragua su poética. Su sentimiento trágico se materializa desde *Crepusculario* en paisajes sombríos y cementerios[9], mientras el amor se vive con la carnalidad reivindicada por el postsimbolismo, que en su versión hispanoamericana frecuenta la fusión del erotismo y los motivos cristianos: "Bésame, besadora / ahora y en la hora / de nuestra muerte. Amén" (Neruda 1999, I 116). En esos poemarios tempranos, el emblema de la cruz resulta de una frecuencia digna de atención, y a esa presencia cabe añadir una anécdota personal curiosa: en 1989, cuando yo me encontraba en Santiago de Chile para investigar sobre Pablo Neruda en relación con mi tesis doctoral, frecuenté las dos bibliotecas del poeta (por entonces cerradas al público): la de madurez, actual Fundación Neruda, y la de juventud, en la Universidad de Chile. Esta última estaba dirigida por Alamiro de Ávila, que fue al principio reacio a apoyar mi investigación —estaba aún Pinochet en el poder, y el vate era persona *non grata*—, pero finalmente me facilitó la entrada al cuarto en que se custodiaba su legado, y me dijo que solo recordaba que lo hubiera visitado antes Robert Pring-Mill. Además, me mostró algo que consideraba un pequeño tesoro personal: una ajada hoja de papel con un dibujo a tinta negra que guardaba celosamente en su caja fuerte. Se trataba, según me dijo, de una ilustración inédita que Neruda había realizado para su primer libro, y me permitió hacer una fotocopia que incluí después en la edición de mi tesis (Millares 1992, 130).

Me explicó también que lo había comprado para reforzar los fondos nerudianos, y me hizo ver primero el reverso, donde podía leerse el nombre del poeta y el apelativo familiar que dedicaba a su hermana Laura; decía, a modo de dedicatoria: "Neftalí Reyes. Konekita"[10]. En la otra cara se leía un título, "Versos", y había una ilustración muy curiosa: un retrato del joven Neruda, delgado, con traje oscuro, sombrero de ala ancha y un libro en la mano, que paseaba por un sendero en medio de un paisaje inquietante, poblado de cruces y calaveras. En el cielo de ese escenario de gusto tan romántico se veía la figura fantasmagórica de la muerte, mezclada con las nubes: su esqueleto estaba envuelto en andrajos y llevaba la guadaña en la mano. Toda la visión, por cierto, parece cerrar un círculo perfecto con la misma imagen —el Poeta y la Muerte— que vertebra el último poema de Neruda, "Hastaciel"[11].

Foto de la autora. Autorización de la Fundación Pablo Neruda

El paisaje romántico de ese dibujo concuerda, desde luego, con el espíritu de *Crepusculario*, si bien el libro le incorpora una sensualidad de herencia modernista que no se incluye en el ideario del romanticismo, y que supondrá una constante en toda la andadura nerudiana. Traigo esto a colación no solamente por recordar un documento olvidado y de interés, sino también porque en ese dibujo el escenario es un cementerio, y las cruces que ahí abundan van a poblar las páginas de los cuatro primeros libros nerudianos con una diversidad de significaciones, entre las cuales la más osada y oscura será la que enlace ese símbolo del cristianismo con el encuentro de los amantes. Al igual que ocurriera con el primer Vallejo, el de *Los heraldos negros,* Neruda manifiesta ahí un diálogo con el movimiento precedente a través de la interpretación heterodoxa de diversos aspectos del ritual de la misa.

Posteriormente, y al contrario que el poeta peruano, Neruda se alejará de ese simbolismo; apenas volveremos a encontrarlo en casos puntuales, y ya sin el sentido inicial que asimila el amor y la muerte, desplazado por la significación social del martirio de los oprimidos y los libertadores. Así, por ejemplo, en *Canto general* nos habla de "empalados sobre una lanza [...] *crucificados* en la iglesia" (I 478), "*cruces* de obreros fusilados" (I 554); "señaladme la piedra en que caísteis / y la madera en que os *crucificaron*" (I 447). La idea del martirio se extiende a la poesía, también libertadora:

Fueron de noche a quemar entonces
mi casa (el fuego marca ahora
el nombre de quien los enviara),
y los jueces se unieron todos
para condenarme, buscándome,
para *crucificar* mis palabras
y castigar estas verdades (Neruda 1999, I 622-623)

Después, en *Odas elementales* nombra "la *cruz*, la espada" para referirse metonímicamente a los conquistadores (Neruda 2000, II 267), y en *Cien sonetos de amor* se habla de la Cruz del Sur como trébol de cuatro hojas y "*cruz verde*", de nuevo en imágenes distantes de las iniciales, sin toda aquella liturgia herética y erótica de los primeros pasos. Pero en la primera etapa señalada, el simbolismo religioso será una constante, un *leitmotiv* compatible con una actitud panteísta, ya desde *Crepusculario*. El libro comienza con una afirmación del mundo natural como templo del poeta, donde "el Padre-Nuestro en medio de la noche se pierde; / corre desnudo sobre las heredades verdes / y todo estremecido se sumerge en el mar" (Neruda 1999, I 112). Y en "El castillo maldito" encontramos ese emblema recurrente de la cruz en una personal interpretación:

Alto de mi corazón en la explanada desierta
donde *estoy crucificado como el dolor en un verso*

[...] Mi vida es un gran castillo sin ventanas y sin puertas
y para que tú no llegues por esta senda, la tuerzo (Neruda 1999, I 120)

El poeta se identifica con la figura de Cristo clavado en la cruz, y establece una curiosa analogía: el dolor está crucificado en la palabra, como el poeta en la explanada desierta. La imaginería de estirpe modernista —pero siempre con el personal sello nerudiano— modula de manera transgresora los emblemas cristianos, y se entrevera con un alma romántica obsedida por el dolor y la muerte. Encontramos de nuevo ese vínculo controvertido con lo cristiano en el poema "Si Dios está en mi verso", donde la versión prometeica del poeta insiste en el modelo panteísta:

Perro mío,
si Dios está en mi verso,
Dios soy yo.
Si Dios está en tus ojos doloridos,
tú eres Dios. (Neruda 1999, I 132)

Singular también es la versión del amor que se incluye en el poema "Mujer, nada me has dado", donde leemos: "Hostia que no probó tu boca fina, / amador del amado que te llame" (Neruda 1999, I 139). La pieza que cierra el libro, "Pelleas y Melisanda", confirma una vocación por los amores románticos, que tendrá continuación después en las historias de Joaquín Murieta y Teresa (*La barcarola*), Manuela Sáenz y Simón Bolívar (*Cantos ceremoniales*) o Rhodo y Rosía (*La espada encendida*), y en la elección del *Romeo y Julieta* de Shakespeare para su traducción. De Melisanda dice el poeta: "Su cuerpo es una hostia fina, mínima y leve" (Neruda 1999, I 148); la liturgia erótica de los modernistas está teñida de luto en esa peculiar interpretación.

A *Crepusculario* le sucede en el tiempo *El hondero entusiasta,* publicado tardíamente por Neruda, al que preocupaba la reconocida influencia de Carlos Sabat Ercasty en su libro. Se trata sin embargo de un libro importante en el proceso de formación de su poética, y hallamos de nuevo ahí las modulaciones de los motivos cristianos, y la búsqueda de una expresión propia a través de esa experimentación. El hondero que se sitúa frente a la noche, a la que lanza sus preguntas, se representa como

El lejano, hacia donde ya no hay más que la noche
y la ola del designio, *y la cruz del anhelo.*

Dan ganas de gemir el más largo sollozo.
De bruces frente al muro que azota el viento inmenso. (Neruda 1999, I 161)

En la imaginación fúnebre del primer Neruda, esa cruz parece sugerir la idea de una muerte deseada. A continuación, el poeta se contempla a sí mismo en la soledad del trasmundo, "como el primer muerto, / rodando enloquecido" (Neruda 1999, I 161). Esa primera composición del libro incluye además otras dos significaciones de la cruz; una funciona como *leitmotiv*, porque el poeta presenta sus brazos como "dos aspas locas" (I 163), es decir con sus brazos en cruz; la otra habla de "la cruz de mis cejas" (Neruda 1999, I 162): curiosa mención para el entrecejo, que se asocia de modo inmediato con la cruz de ceniza que impone el sacerdote a los fieles en Viernes Santo como un *memento mori*. La visión se hace más compleja cuando entra en escena la amada: "Es como una marea, cuando ella *clava en mí / sus ojos enlutados* (Neruda 1999, I 163).

La deriva hacia la crucifixión entendida en clave amorosa o erótica está ya planteada, y se afianza más tarde:

Ella, tallada en el corazón de la noche,
por la inquietud de mis ojos alucinados:
[...] ella, su goce junto al mío,
ella, sus ojos enlutados,
ella, su corazón, *mariposa sangrienta*
que con sus dos antenas de instinto me ha tocado!
[...] Si mis palabras *clavan* apenas como *agujas*
debieran desgarrar como *espadas* o *arados*! (Neruda 1999, I 165)

La mirada alucinada del poeta transmuta sucesivamente a los amantes, en un movimiento que se habrá de continuar en *Veinte poemas de amor*. La imagen de la crucifixión enlazará dolorosamente al poeta y la amada, y el motivo tradicional de la flecha de Eros que causa una herida de amor cederá su lugar a la cruz. Los versos son agujas —y espadas y arados— que clavan a la amada y la convierten en mariposa sangrienta; en la lectura carnal es el sexo el que ejerce esa crucifixión, en una visión que no será aislada. El tercer poema del libro muestra ya explícita la idea del martirio que identifica al poeta con Cristo, azotado y crucificado:

Cansado. Estoy cansado. Huye. Aléjate. Extínguete.
No aprisiones mi estéril cabeza entre tus manos.

> Que *me crucen* la frente *los látigos* del hielo.
> Que mi inquietud *se azote* con los vientos atlánticos.
> Huye. Aléjate. Extínguete. Mi alma debe estar sola.
> Debe *crucificarse*, hacerse astillas, rodar (Neruda 1999, I 166)

La imagen de la crucifixión muta constantemente en ese paroxismo del hondero en mitad de la noche. La amada es *flor* —y no ha de olvidarse aquí la identificación de ese referente con la virginidad, así como su vínculo con el vocablo *desflorar*—; es también pájaro, y mariposa destinada al poeta, que se debate entre la nostalgia y la noche:

> Zona de sombra, línea delgada y pensativa.
> Enredadera *crucificada* sobre un muro.
> Canción, sueño, destino. *Flor* mía, flor de mi alma.
> Aletazo del sueño, *mariposa*, crepúsculo.
> [...] Todo tu cuerpo ardido de blancura en el vientre.
> Las piernas perezosas. Las rodillas. Los hombros.
> La cabellera de alas negras que van volando.
> Las arañas oscuras del pubis en reposo (Neruda 1999, I 170-171)

En la sección 8 del poemario se invierten los términos, y es el poeta quien ruega a la amada que lo sacrifique, que le traiga la muerte, en un sentido doble: el fin de la soledad y del dolor, y la pequeña muerte que trae el encuentro carnal:

> Llénate de mí.
> Ansíame, agótame, viérteme, *sacrifícame*
> [...] Así *crucificaron* mi dolor una tarde (Neruda 1999, I 171-172)

Esos antecedentes arrojan luz sobre las distintas variaciones del motivo de la cruz que pueblan *Veinte poemas de amor y una canción desesperada*, un hito de la poética nerudiana a pesar de la juventud de su autor. Sobre él escribe Virgilio Piñera un lúcido ensayo en 1960, titulado "Una lección de amor", donde reflexiona sobre la excepcionalidad con que Neruda avanza ahí desde lo cotidiano hacia lo universal, y el modo como salva el peligro de caer en el mal gusto a través de su autenticidad:

> Este librito —primer *Ars Amandi* americano— venía muy a punto: por América habían pasado (como siempre ocurre con un poco de atraso) el maquinismo, el futurismo, y el escepticismo del corazón. Los poetas tenían cierto pudor de "abrirse

la alumbra: el árbol y la cruz cristiana son uno[12], y cada beso a —que es cruz y tatuaje de fuego— es el lugar en que se inmola el poeta con su destino trágico. Al mismo tiempo, la multiplicación de cruces va configurando en los versos una atmósfera fúnebre, un singular cementerio. En el poema 18, el poeta está solo y observa en el horizonte la "*cruz negra* de un *barco*" (Neruda 1999, I 193), y es que la multitud de mástiles en el puerto se asemeja a un Gólgota, de ahí el poderoso motivo final del naufragio en un muelle abandonado. El amor yace también en ese amargo camposanto, y "La canción desesperada", con toda su desolación, culmina esa visión onírica de fulgor ígneo, de muerte enamorada, donde el amante se presenta crucificado en el cuerpo de la amada, inmolado en esa religión del sentimiento:

> Ah mujer, no sé cómo pudiste contenerme
> en la tierra de tu alma, y en *la cruz de tus brazos*!
> [...] *Cementerio de besos, aún hay fuego en tus tumbas*,
> aún los racimos arden *picoteados de pájaros* (Neruda 1999, I 198)

Recuérdese que antes los pájaros nocturnos picoteaban las estrellas-cruces: la bóveda celeste sigue siendo espejo del cuerpo de los amantes, cuyos besos se asimilan a esa acción de las aves. Aún podrá seguirse el rastro de la imagen en *Tentativa del hombre infinito* —publicado un año después del primer manifiesto surrealista, en 1925—, un libro en que se proyecta la vanguardia nerudiana más definida, con su experimentalismo y onirismo dedicados al tema del viaje de anábasis. El poeta se presenta en él como vidente, atraviesa la noche a través de un torrente de imágenes que hablan de la orfandad humana y prefigura las visiones residenciarias de desintegración universal y materias desvencijadas. Hallaremos ahí tres nuevas menciones del símbolo de la cruz, que revelan una continuidad en el adentramiento del poeta hacia su abismo interior: "vértebras de la noche agua tan lejos viento intranquilo rompe / también *estrellas crucificadas* detrás de la montaña (Neruda 1999, I 204).

La cruz ígnea se multiplica: vuelve a convertir el cielo en un inmenso cementerio, y en espejo de la memoria que recuerda otro territorio sembrado de cruces, el de la amada. Las estrellas-cruces de la bóveda celeste se convierten así en una proyección del alma del poeta, en un correlato objetivo de su pesadumbre y dolor. En su viaje a través de la noche, hacia la alborada, conversa consigo mismo y llega a transmutarse en ese camposanto obsesivo: "frente a lo inaccesible por ti pasa una presencia sin límites / señalarás los caminos como *las cruces de los muertos*" (Neruda 1999, I 205).

el pecho". Neruda devolvió sus fueros al sentimiento y recordó a cada lector: 1) que tenía un corazón, 2) que podía llorar sin ruborizarse.

Se necesitaba un enorme poder persuasivo para atreverse a utilizar un lenguaje poético lindante con el mal llamado "mal gusto" [...] y ya sabemos cuán felizmente fue desarrollando Neruda su poema hasta dejarnos en la orilla del asombro. (Piñera 1995, 183-4)

Es esencial atender a este poemario para comprender la transición de la poesía de juventud hacia la gran madurez de *Residencia en la tierra*, porque se muestra ya ahí una imaginería novedosa que tal vez no ha sido bien entendida por quienes lo relegan al espacio de la poesía amorosa, o le cuestionan cierta distancia de la vanguardia en que se enmarca, sin atender a sus imágenes oníricas y ese *maelstrom* que parece arrastrarlo todo. Así por ejemplo en su poema 11 la noche se presenta en imágenes visionarias: la media luna es un ancla entre montañas, actúa como un anzuelo, una "cavadora de ojos", y "hace una *cruz de luto* entre mis cejas, huye" (Neruda 1999, I 187). De nuevo vemos el *memento mori* en esa noche funesta, donde el viento avanza sobre los sepulcros, y una "clara niña" se opone a ese paisaje nocturno como un "blanco lirio de incendio" (Neruda 1999, I 187). Cabe recordar que ya en el poema 3 la amada es la tierra "donde mis besos anclan" (Neruda 1999, I 180), y la visión se hace compleja al presentar un paisaje y su espejo celeste: la luna perfora la noche grabándole estrellas-ojos que titilan aparentando pequeñas cruces, y ha tatuado una cruz de luto entre las cejas del poeta; este, por su parte, traza cruces (besos) de fuego en ese país de tierra y agua que es el cuerpo de la amada, y en esa traslación onírica ella queda señalada como un cementerio de cruces ardientes. La imagen original sigue rotando y poblándose de iridiscencia:

He ido marcando *con cruces de fuego*
el atlas blanco de tu cuerpo.
Mi boca era una araña *que cruzaba* escondiéndose.
En ti, detrás de ti, temerosa, sedienta. (Neruda 1999, I 188)

A medida que avanza el poemario, la cruz sigue invistiéndose de nuevos matices, que incluyen la percepción de la amada como un templo con lámparas y campanas, luces y sonidos que la tristeza del poeta ahoga con su soledad. La mujer ausente o lejana del poema 17 será contemplada como un "incendio en el bosque", que "arde en *cruces azules* [...] en árboles de luz" (Neruda 1999, I 193). La imagen ahora vuelve a complicarse, aunque el proceso antecedente

La visión de la amada-mariposa y el sugestivo ritual de crucifixión erótica también regresarán, unidos a la idea de redención, mientras se repite la imagen del beso-estrella-cruz que compone extraños cementerios celestes:

ah triste mía la sonrisa se extiende como una mariposa en tu rostro
y por ti mi hermana no viste de negro
yo soy el que deshoja nombres y altas constelaciones de rocío
en la noche de paredes azules alta sobre tu frente
para alabarte a ti palabra de alas puras
el que rompió su suerte siempre donde no estuvo
por ejemplo es *la noche rodando entre cruces de plata
que fue tu primer beso* para qué recordarlo
yo te puse extendida delante del silencio
tierra mía los pájaros de mi sed te protegen
y te beso la boca mojada de crepúsculo (Neruda 1999, I 208)

La alusión a "los pájaros de mi sed" ilumina una imagen previa de *Veinte poemas de amor*, y el tono de ese apocalipsis sin Dios que compone *Residencia en la tierra* —en términos de Amado Alonso (1997, 75)— se vincula con los poemarios previos. Su primera composición, "Galope muerto", establece un enlace con lo anterior, desde la obsesiva muerte, la atmósfera luctuosa, las campanas lúgubres con su toque de difuntos y las cruces recurrentes:

Como cenizas, como mares poblándose,
en la sumergida lentitud, en lo informe,
o como se oyen desde el alto de los caminos
cruzar las campanadas en cruz (Neruda 1999, I 257)

Esa atmósfera religiosa se continúa en los poemas sucesivos: en "Alianza (sonata)" hay un tú que guarda la leve estela de luz que el sol de la tarde "arroja a las iglesias" (Neruda 1999, I 258), y en "Caballo de los sueños" el poeta se dirige a un país en el cielo mientras pisa "una tierra removida de sepulcros un tanto frescos" (Neruda 1999, I 259). Después las evocaciones del mismo ambiente luctuoso irán cediendo a una imaginería distinta —que proviene del mundo natural—, pero su presencia se mantiene, y afianza esa ligazón en un itinerario coherente: "amo la miel gastada del respeto, / el dulce catecismo entre cuyas hojas / duermen violetas envejecidas" (Neruda 1999, I 260). El galope de un caballo de sueños por encima de iglesias y cuarteles supone cortar amarras con las limitaciones de ese pasado, esa sociedad y tradiciones que dejan lugar a otra cosa: ahora es el propio caballo el que golpea como una campana, y "la luz de la tierra sale de sus párpados / no como la campanada, sino más bien como las lágrimas" (Neruda 1999, I 261). Sin embargo, ese poso lúgubre, esa raíz, se mantendrá: "Vivo lleno de una sustancia de color común [...] como sombra de iglesia o reposo de huesos" (Neruda 1999, I 263). Aquellos cementerios que poblaban su imaginación romántica tendrán ahora nuevas figuraciones oníricas ("cadáveres dormidos que a menudo / danzan asidos al peso de mi corazón", Neruda 1999, I 267) o se investirán de otras formas. La estancia de Neruda en Asia —y la contemplación de los rituales funerarios que allí tienen lugar— será importante en la fragua de nuevas imágenes. El vínculo de la muerte y las aguas —que antes se representaba en el naufragio—, y la idea del océano como inmenso cementerio regido por los ojos del tiempo, tendrá además otra versión, porque el poeta contempla los cadáveres que realmente descienden envueltos en llamas por el río: "bajo mi balcón esos muertos terribles / pasan sonando cadenas y flautas de cobre [...] la trémula ceniza caerá sobre el agua, / flotará como ramo de flores calcinadas" (Neruda 1999, I 283-284). En la segunda parte de *Residencia* la imagen se hará plenamente visionaria en poemas como "Sólo la muerte":

> Hay cementerios solos,
> tumbas llenas de huesos sin sonido
> [...] Hay cadáveres,
> hay pies de pegajosa losa fría,
> hay la muerte en los huesos,
> como un sonido puro,
> como un ladrido sin perro,
> saliendo de ciertas campanas, de ciertas tumbas,
> creciendo en la humedad como el llanto o la lluvia.
> Yo veo sólo, a veces,
> ataúdes a vela
> zarpar con difuntos pálidos (Neruda 1999, I 301)

Esa muerte obsesiva, omnipresente y omnívora, construye imágenes oníricas y atroces, donde el río de los muertos asciende vertical y es del color de las violetas[13], flores asimiladas a la tradición funeraria. Posiblemente el poema de *Residencia* más cercano a *Veinte poemas*, en ese vínculo de amor y muerte, es "Oda con un lamento": su poderoso ritmo temático confronta a la amada, definida por una atmósfera de vida y sensualidad —en la que hay rosas, palomas, frutas, abejas, fuego o espadas—, con el poeta, anegado en ese sentimiento trágico de referentes opuestos. Su mundo está poblado de materias rotas y aguas estancadas, no tiene nada que ofrendar, y solo puede amar con uñas o pestañas —únicas partes del cuerpo que pueden crecer en un cadáver—, con amapolas —ese emblema del sueño y la muerte tan caro a los simbolistas—, con una actitud obsesiva que todo lo inunda como el agua:

> nadando en contra de los cementerios que corren en ciertos ríos
> con pasto mojado creciendo sobre las tristes tumbas de yeso,
> nadando a través de corazones sumergidos
> y pálidas planillas de niños insepultos.
> Hay mucha muerte, muchos acontecimientos funerarios
> en mis desamparadas pasiones y desolados besos... (Neruda 1999, I 319)

El mundo natural será el que redima de ese universo urbano y artificioso, con todas sus normas, tabúes y costumbres. En "Tres cantos materiales" el poeta ve en la madera una "catedral" ante la cual arrodillarse en su "viaje funerario", "golpeándome los labios con un ángel" (Neruda 1999, I 324); el apio tiene una "cabeza de ángel verde", y el vino, visto también como un ángel, tiene "alas rojas" (Neruda 1999, I 326-7), salva al poeta de esa prisión de "iglesias tenebrosas", y atraviesa pozos, túneles y bocas de muertos para ir "al azul de la tierra / en donde se confunden la lluvia y los ausentes", es decir, a ese lugar que guarda a los difuntos (Neruda 1999, I 330). El sentimiento trágico del primer Neruda hallará un espejo inesperado en la poética de Federico García Lorca[14], donde encuentra luz para su propia oscuridad, y de ahí el tono de la oda que le dedica:

> me moriría por lo dulce que eres,
> me moriría por los lagos rojos
> en donde en medio del otoño vives
> con un corcel caído y un dios ensangrentado,
> me moriría *por los cementerios*
> *que como cenicientos ríos pasan*
> [...] me moriría por verte de noche
> mirar pasar las *cruces anegadas*... (Neruda 1999, I 331)

Ángeles y cementerios regresarán transustanciados en la elegía al poeta Alberto Rojas Giménez, que vuela sobre las cenizas y los cementerios en el espléndido poema dedicado a su repentino fallecimiento. La negación de la muerte ahí contenida hallará otra reformulación en "El desenterrado", que obra el milagro de la resurrección del Conde de Villamediana, poeta asesinado por orden del rey[15]: de nuevo el imaginario funéreo cristiano impulsa una transustanciación nerudiana, la subversión de ese estado de cosas, y el caballero renace en su desnudez original, libre de armaduras y ropajes, hambriento de amor y de vida.

Para concluir cabría recordar que, tal y como lo anota Juan-Eduardo Cirlot, el símbolo de la cruz aúna dos elementos: el objeto material en sí, y la idea de crucifixión. El primero supone un contrapunto del árbol de la vida que alberga el paraíso; se trata de un árbol fúnebre, y de hecho en la Edad Media era usual la representación de la cruz como un árbol con sus ramas. En ambos casos se trata del *axis mundi*, que supone un enlace entre la tierra y el cielo, pero la cruz es también emblema de agonismo y martirio. En su concepción primitiva representaba, por otra parte, la confluencia de los principios femenino y masculino —a través de la disposición de sus dos palos, algo que también puede ser iluminador en nuestro análisis—, así como el fuego y el sufrimiento existencial (Cirlot 1988, 154), y por otra parte es también símbolo del destino y se vincula estrechamente con la espada. Toda esa riqueza simbólica irradiará del peculiar uso de ese emblema en el primer Neruda. En cuanto a la crucifixión, se sitúa igualmente entre la tierra y el cielo, que a su vez tienen su espejo en los dos maderos. Para Chevalier y Gheerbrant, "la présence de la croix se retrouve dans la nature, l'homme les bras étendus symbolise la croix; il en est de même avec le vol des oiseaux, le navire et son mât, les instruments aratoires pour labourer la terre" (323); esos elementos aparecen en Neruda con sus variaciones simbólicas: la cruz es el hondero que hace girar sus brazos, es el ave-poeta (con una larga tradición) y también la luna dibujada en el cielo (donde ambas parecen anclas en un mar imaginario), y es también el mástil del navío, y el arado-amante que labra la tierra-amada. Todo ello se confabula para hablarnos de un centro único de irradiación de sentidos: una encrucijada del amor y la muerte, proyectada en el símbolo de la cruz.

Notas

1. Todas las citas de Neruda incluidas en este ensayo corresponden a la edición de sus *Obras completas* en cinco tomos realizada por Hernán Loyola, e incluida en la bibliografía final. Se indicará solamente el volumen y la página, a fin de evitar reiteraciones innecesarias.

2. "Si tú dispusieres tu corazón y extendieres a él tus manos. / Si alguna iniquidad hubiere en tu mano y la echares de ti. / Y no consintieres que more en tu casa la injusticia, / entonces levantarás tu rostro limpio de mancha / y serás fuerte, y nada temerás. Y olvidarás tu miseria / o te acordarás de ella como aguas que pasaron" (V 197).

3. "Y tú, Capharnaum, que hasta los cielos estás levantada, hasta los infiernos serás abajada", San Lucas, X, 15 (I 682).

4. "Echó, pues, fuera al hombre, y puso al oriente del huerto de Edén querubines, y una espada encendida que se revolvía por todos lados para guardar el camino del árbol de la vida", Génesis, III, 24 (III 545).

5. Véase Millares (2008), cap. VII.

6. "Todo lo que leemos y oímos nos recubre como un baño, nos rodea y nos envuelve como un medio: es la logosfera" (Barthes 1987), 260.

7. Todas las cursivas añadidas en este ensayo a las citas nerudianas son mías.

8. Véase también a este respecto, mucho antes, el "Nuevo canto de amor a Stalingrado": "Yo escribí sobre el tiempo y sobre el agua, / describí el luto y su metal morado, / yo escribí sobre el cielo y la manzana, / ahora escribo sobre Stalingrado" (*Tercera residencia*, I, 396).

9. "Y aquí estoy yo, brotado entre las ruinas / mordiendo solo todas las tristezas / como si el llanto fuera una semilla / y yo el último surco de la tierra" (I, 126).

10. Véase Bernardo Reyes, *Retrato de familia: Neruda 1904-1920*: "'Konejita' es el apelativo inventado por Neruda pare referirse, con diversas variantes, a su hermana Laura" (2003: 120 nota).

11. Véase Selena Millares, "El poeta y la muerte: 'Hastaciel', de Pablo Neruda" (2008: 23-26).

12. "[Después, en *Canto general*] el árbol de la vida se nutre de la muerte para convocar más vida: es el árbol del pueblo, su savia es su sangre, y se identifica con el mito del eterno retorno. El símbolo ha sido analizado con acierto por Juan Villegas (1976): el ciclo natural de muertes y resurrecciones se traduce, en el ciclo histórico, en motor de la lucha social. Los héroes nacen de la tierra, regada con la sangre de los caídos, y constituyen las hojas del árbol del pueblo. Éstas, a su vez y mágicamente, se convierten en semilla del pan, con lo que el símbolo adquiere un matiz religioso afín al whitmaniano. El árbol muere pero renace de sus cenizas, como el ave fénix: Villegas halla un paralelismo entre el árbol y la cruz de Cristo, que destruido y fragmentado, es diseminado por el mundo; los fieles guardarán celosamente los fragmentos, en espera del día de la resurrección" (Millares 2008: 34-35).

13. "le violet, sur l'horizon du cercle vital, se situe à l'opposé du *vert*: il signifierait no le passage printanier de la mort à la vie, c'est-à-dire l'*evolution*, mais le passage automnal de la vie à la mort, l'*involution*" (Chevalier y Gheerbrant 1988, 1020).

14. La vocación lorquiana por lo trágico y lo onírico tiene una valiosa explicación en su conferencia "Juego y teoría del duende", leída en Buenos Aires en 1933, donde el poeta granadino se remonta a Goya, Quevedo y otros referentes para explicar actitudes definitorias del arte español muy anteriores a las modas surrealistas: "¿Dónde está el duende? Por el arco vacío entra un aire mental que sopla con insistencia sobre las cabezas de los muertos, en busca de nuevos paisajes y acentos ignorados; un aire con olor de saliva de niño, de hierba machacada y velo de medusa, que anuncia el constante bautizo de las cosas recién creadas" (García Lorca 1993, *Obras completas* III, 129, 138).

15. Véase Luis Rosales (1969).

Bibliografía

Alonso, Amado. 1997. *Poesía y estilo de Pablo Neruda*, ed. de Juan Carlos Gómez Alonso. Madrid: Gredos.

Barthes, Roland. 1987. *El susurro del lenguaje. Más allá de la palabra y la escritura.* Barcelona: Paidós.

Chevalier, Jean y Alain Gheerbrant. 1988. *Dictionnaire des Symboles*, ed. revisada y aumentada. París: Jupiter.

Cirlot, Juan-Eduardo. 1988. *Diccionario de símbolos.* Barcelona: Labor.

García Lorca, Federico. 1993. *Obras completas*, vol. III. Ed. de Arturo del Hoyo. Madrid: Aguilar.

Loyola, Hernán. 2014. *El joven Neruda. 1904-1935.* Santiago de Chile: Lumen.

Millares, Selena. 1992. *La génesis poética de Pablo Neruda.* Madrid: Complutense.

———. 2008. *Neruda: el fuego y la fragua. Ensayo de literatura comparada.* Salamanca: Universidad de Salamanca.

———. 2008 "El poeta y la muerte: 'Hastaciel', de Pablo Neruda". *Nerudiana* (Santiago de Chile), dir. Hernán Loyola, núm. 6 (diciembre): 23-26.

Neruda, Pablo. 1999-2002. *Obras completas.* Edición de Hernán Loyola, 5 vols. Barcelona: Galaxia Gutenberg y Círculo de Lectores:

I. 1999. *De* Crepusculario *a* Las uvas y el viento.

II. 1999. *De* Odas elementales *a* Memorial de Isla Negra.

III. 2000. *De* Arte de pájaros *a* El mar y las campanas.

IV. 2001. *Nerudiana dispersa* I.

V. 2002. *Nerudiana dispersa* II.

Piñera, Virgilio. 1995. "Una lección de amor". *Poesía y crítica.* México: Consejo Nacional para la Cultura y las Artes, 182-185.

Reyes, Bernardo. 2003. *Retrato de familia: Neruda 1904-1920*. Prólogo de Volodia Teitelboim. 3ª ed. Santiago: RIL.
Rosales, Luis. 1969. *Pasión y muerte del Conde de Villamediana*. Madrid: Gredos.
———. 1978. *La poesía de Neruda*. Madrid: Editora Nacional.
Villegas, Juan. 1976. *Estructuras míticas y arquetipos en el 'Canto general' de Pablo Neruda*. Barcelona: Planeta.

Correspondencia inédita: Puccini-Neruda

Gabriele Morelli
UNIVERSIDAD DE BERGAMO

LA RELACIÓN DE PABLO Neruda con amigos, estudiosos y admiradores ha sido rica e intensa, consecuencia natural y directa de su amplia y fructífera experiencia vital y literaria que ha visto al poeta atravesar distintas geografías del mundo (Chile, y el Oriente y los países latinoamericanos, y también todas las naciones europeas entre las cuales se distinguen España, Francia e Italia). En esta última estuvo en distintas épocas, entre las cuales se hizo inolvidable su estancia con Matilde Urrutia en la isla de Capri en los años cincuenta. En este periodo se consolida su amistad con el hispanista romano Dario Puccini, a quien conoce en abril durante el Congreso de los Partisanos de la Paz 1949 que tuvo lugar en la Salle Pleyel, como ha contado Stefania Piccinato,[1] futura mujer del estudioso, presente en el congreso como traductora, que ha guardado toda la correspondencia cruzada entre los dos amigos, de la que ahora por primera vez doy una primera muestra parcial[2].

Poco después, en mayo de octubre, Puccini traduce y publica en la revista *Rinascita,* del Partido Comunista Italiano, el poema "Un canto a Bolívar", y en octubre de 1950, siempre en *Rinascita,* presenta "Que despierte el leñador" y "A mi partido" del *Canto general*. Inmediatamente después, en enero de 1951, con un dibujo de Renato Guttuso y uno de Mario Mafai, Puccini da a conocer junto con Mario Socrate, en el suplemento n. 1 de *Rinascita,* "Que despierte el leñador", y en 1952, en la misma revista, publica, con texto bilingüe, el poema "En mi país la primavera".

Estos primeros datos —en lo sucesivo la dedicación de Puccini a la difusión de la obra de Neruda será continua e intensa hasta afrontar, en el año 1955, la ardua empresa de la versión italiana del *Canto general*— son suficientes para que el lector se dé cuenta de que se trata de una relación importante que abarca un gran arco temporal —de la fecha del conocimiento hasta la muerte del poeta—, como atestigua esta correspondencia que comprende cartas, tarjetas, postales, telegramas, etc., con un total de 52 documentos, respectivamente 48 de Puccini, y 30 de Neruda y una de Delia del Carril.

La primera carta[3] que tenemos es la de Neruda, fechada el 28 de marzo de 1950, que envía de México al amigo italiano, al cual anuncia la llegada, a través del notario público Jorge Sánchez Cordero de México, del certificado que otorga a Dario Puccini, por cuenta y representación de la persona del poeta, "poderes generales amplísimos para pleitos y cobranzas, con todas las facilidades generales y las especiales que conforme a la Ley requieran poder o cláusula especial o expresa", según el código vigente en el Distrito y Territorios Federales de México y su correlativo italiano. La carta de Neruda que abre la correspondencia nos informa de que antes Puccini había enviado al poeta una misiva (que falta en la correspondencia pero que existe traducida al italiano por Ignazio Delogu)[4] en la que informaba a Pablo, en aquella época residente en México, de que la Embajada de Chile en Roma había publicado una calumnia contra él, diciendo que el gobierno de González Videla le perseguía no por motivos políticos, sino por una acusación de bigamia, razón por la cual él había abandonado el país. Neruda en su carta, fechada en México el 28 de marzo de 1950, protesta violentamente contra esta acusación y ruega al amigo que entregue al Director del periódico *Tempo* de Roma un texto suyo dactilografiado que termina diciendo: "Ruego a usted, señor Director, desmentir esta calumnia con la que el representante servil de un gobierno impopular pretende enlodar la reputación de un parlamentario de la oposición". En la primera carta del poeta a Puccini, Neruda le informa de que le enviará nuevas pruebas de la falsedad de la acusación de González Videla, entre ellas un documento notarial de la misma ex-esposa, María Antonia Hagenaar (Maruja), en que ella reconoce su divorcio. Sobre la tentativa hecha por el Presidente de Chile que le acusa de bigamia, Neruda informa al amigo italiano sobre la maniobra organizada por González Videla de servirse de la pobre mujer para acusar al poeta:

> *González Videla trajo a esta señora, divorciada de mí, desde Europa, para probar un chantaje en mi contra, ya que las acusaciones por las cuales se me perseguía políticamente eran demasiadas vagas: "injurias" etc.: y con esto se hacía un escándalo. Trajeron a esta mujer de Bélgica para el chantaje que pensaban, pero*

ante la ley no pudieron hacer nada, ya que mi nuevo matrimonio era legal, y la abandonaron en Chile, después de que el Gobierno de G.V., había gastado miles de dólares en traerla, le dieron 20 dólares y la tiraron a la calle porque ya no les servía. Desde el sitio donde me escondía en esa fecha tuve que mandarle para sus gastos de alimentación, para que no muriera de hambre.

La carta termina anunciando que le enviará una foto del periódico *El Imparcial* de 1948, "periódico oficialista y ferozmente anti comunista, en que se cuenta cómo se encarga mi prisión a 300 agentes policiales prometiéndoles ascenso y gratificación po[r] encontrarme".

En la lectura del epistolario se descubre, a veces a través de las cartas de uno u otro correspondiente aludiendo a un envío anterior, que algunas misivas se han perdido. La relación se hace más frecuente e íntima cuando Pablo llega a Roma: lo muestran dos retratos de Stefania Piccinato ("Pucci" para el poeta) y Dario Puccini dibujados en una servilleta, firmados por Neruda, durante una comida en un mesón romano de Piazza in Lucina (hoy desaparecido), en diciembre de 1950. Al año siguiente, otra foto muestra la presentación de Pablo Neruda a los compañeros comunistas italianos, que son, de izquierda a la derecha: el pintor Renato Socrate, poeta, escritor y también hispanista, Dario Puccini, Pablo Neruda y Luigi Longo, que fue comandante de las Brigadas Internacionales durante la Guerra Civil española y, en los años 1964-1972, jefe del Partido Comunista Italiano. En el mismo año 1951, una carta, fechada el 24 de enero, informa de que el poeta dio una conferencia en Génova: el membrete es el del Gran Hotel de Gênes y de Princes, calle Balbi 11, el mismo donde el escritor de la Generación poética española del 27, Juan Chabás, exponente del primer movimiento ultraísta español, se aloja cuando en el 1924 llega a la capital genovesa, invitado como lector en la cercana Universidad de la ciudad, y de donde en 1926 será expulsado por sus críticas en la prensa española al fascismo italiano y a sus jerarcas. La breve carta, manuscrita en tinta verde (la misma que utiliza el poeta italiano Giuseppe Ungaretti), habla de la situación italiana de su obra que va a publicar Ambrogio Donini, figura importante del antifascismo internacional, presente durante la Guerra Civil española en los congresos para la defensa de la paz en Madrid, Valencia y sucesivamente en el de París, responsable de algunas casas editoriales del Partido Comunista Italiano; obra que igualmente quiere editar Einaudi de Turín. Neruda afirma que el primero o el segundo publicará su poesía. Y por lo tanto anima con fuerza a Puccini a emprender la traducción italiana: "O

Donini lo edita o lo edita Einaudi, pero que se editará", escribe, subrayando la frase final. La traducción, solicita el poeta, "debe hacerse de inmediato". Y añade "Puccini y Socrate / Dirección. S. Quasimodo". Lenguaje telegráfico de quien está a punto de partir pero que identifica a sus más importantes traductores italianos del momento, en particular el poeta Salvatore Quasimodo, que publicará una afortunada aunque discutible antología de la poesía de Neruda, con texto original y versión italiana, ilustrada por Renato Guttuso (*Poesie*, Einaudi, 1952); antología nuevamente impresa en 1954 y en 1959 y, en una colección diferente, en 1965 y 1966. Reedición a la cual en un primer momento eran contrarios tanto el autor como el editor, de aquí la protesta de Quasimodo, que amenaza con recurrir a vías legales; pleito después anulado por la renuncia de Pablo, como él mismo informa en una carta al hispanista Giuseppe Bellini, fechada el 12 de agosto de 1967: "Non ho accettato di prendere parte davanti alla Giustizia come intendeva fare Quasimodo e nemmeno scrissi, chiedendo a Einaudi la ristampa".[5]

En una postal, enviada desde Praga por avión y fechada el 27 de mayo de 1951, el poeta y la Hormiga envían "Un solo abrazo para los queridos bambinos [en italiano; es decir: niños] y les informa de que se quedarán allí en la dirección que le manda; al mismo tiempo Neruda asegura al amigo italiano de que no se ha olvidado del libro que Puccini ha pedido, pero que tiene en París; sobre el proyecto de su versión italiana, pregunta: "Qué es del libro? Cuándo aparece? Recibió Guttuso mi poema sobre su pintura? Saludos a tu padre". En efecto, el padre de Puccini, Mario, importante escritor y gran conocedor de la literatura española contemporánea (entre varios autores de la época tuvo relación con Unamuno y Antonio Machado) publicó en un periódico italiano un recuerdo del poeta, a quien conoció en Formia, y Dario, en su minuta del 17 de diciembre de 1959, le dice que puede publicarlo en Chile. Otra carta de Neruda al amigo romano muestra su interés por la difusión de su obra en Italia, además le informa de que hace algunos días ha enviado a Antonello Trombadori "un poema para la pintura de Guttuso". En la misiva el poeta muestra su preocupación por las próximas elecciones políticas italianas y eleva una larvada protesta por la falta de información sobre su obra desde que ha abandonado el país. Escribe:

> No tengo ninguna noticia de Italia desde que partí. Nadie me ha escrito. Hoy supe que el "Leñador" había aparecido. No lo sabía. No le he visto.
> Y qué pasa con la Antología de Quasimodo?

Te pido que me des estas noticias, enviando por aéreo lo que tengas, y te pido estos dos servicios: recuerdas aquella fotocopia de un periódico de Chile sobre la persecución? La necesitamos. Igualmente necesitamos una foto del retrato que Carlo Levi me hizo antes de partir.[6] Sabrás que debe aparecer un libro antología con documentos en la col. "Le poètes d'aujourd'hui" de Pierre Segheres, en París y que se necesitan esos documentos para su publicación. Apenas los tengas listos los enviarás, te ruego, a esta dirección. Mme Inés Figueroa Antunes, 12, Rue Pierre Mille, París XV, France.

La relación Puccini-Neruda se enriquece durante la estancia del poeta y Matilde Urrutia en Capri, es decir, en la primavera y principios de junio de 1952. Dos cartas de Neruda, en las cuales Pablo le agradece al amigo hispanista sus artículos publicados sobre su poesía, afrontan la difusión de su obra en Italia, haciendo referencia al "primer canto del nuevo libro", aludiendo el poeta al primer poema del *Canto general* aún en gestación. La misiva manuscrita, con fecha "Capri, 25 de abril", lleva al lado, probablemente de la mano del mismo Puccini, el año 1952, y el poeta pregunta, respondiendo a una anterior noticia que le había dado el hispanista romano en la que le informaba de que su primer canto lo publicaría la ya citada revista *Rinascita*, mientras que Neruda ya lo había prometido (y había ya recibido remuneración) para otra publicación. Escribe y pregunta Neruda: "*Ahora, importante, cómo sabes que 'Rinascita' va a publicarlo? Imposible! Yo le di a Antonello* [Trombadori][7] *una copia con el compromiso de que no lo publicaría. Este poema está contratado y pagado por 'Comprendre', la revista de La Biennale de Venezia. Tú comprendes que sería fatal. Por eso te ruego impedir esa publicación*".

Siempre con relación a la versión italiana del primer Canto, Neruda responde a la petición de su traductor, que le pide aclaraciones sobre una serie de dudas del texto español. La atención del poeta hacia su traductor vuelve en varios momentos de la relación. Sobre el tema, siempre en cartas anteriores y sucesivas[8], Neruda pide que Puccini le mande una lista de las diversas dudas que tiene (y en que a colabora también Delia del Carril): "*Bueno, escríbeme y dame la lista de dudas sobre el Canto que devolvértela contestada. Solo estaré en Italia el mes de marzo. No me fué posible hacer eso para Vie Nuove,[9] pero puedo darles otra colaboración cuando quieras. También quiero que me mandes un número en que salió un reportaje fotográfico de Bigiaretti[10] conmigo*".

El 2 de julio del mismo año, una breve nota dactilografiada, enviada de Capri por expreso, informa a Puccini de que Neruda pasaría por Roma "el miér-

Correspondencia inédita: Puccini-Neruda 79

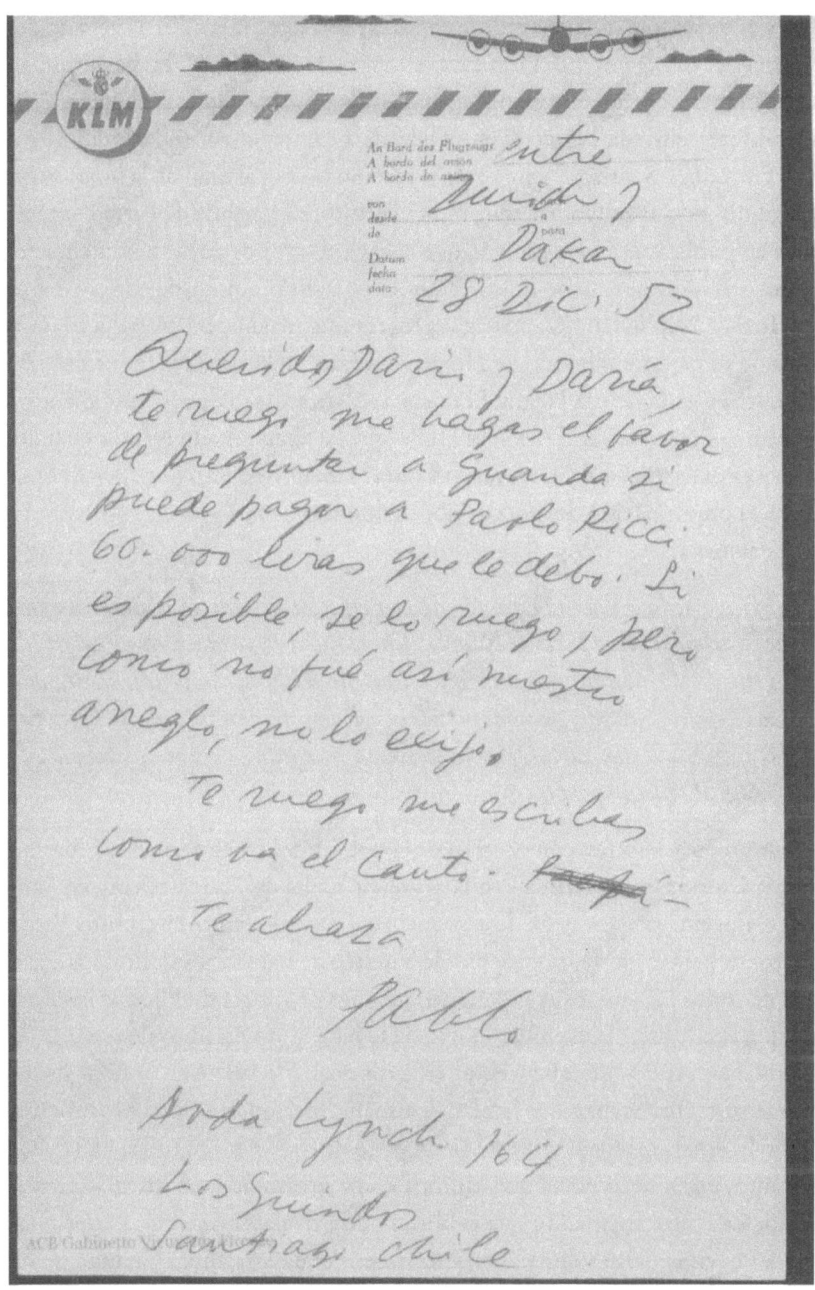

Foto del autor gracias a la autorización de Stefania Puccini

coles 4" y que solo quiere ver al amigo para trabajar juntos sobre la versión del poema del *Canto general*. Otra carta sucesiva, fechada el 28 de diciembre de 1952, escrita a bordo del avión ("entre Zurich y Dakar" apunta el poeta en el membrete), enviada a Puccini en su llegada a Santiago (Avenida Lynch 164 / Los Guindos / Santiago, Chile es la dirección puesta al final de la hoja) es un ruego dirigido al amigo para que pida a la editorial Guanda de Parma, interesada en publicar el *Canto general*, que le haga el favor de pagar por cuenta del poeta una suma de 60.000 liras a Paolo Ricci, artista comunista, crítico de arte y teatro de Nápoles, quien protegió generosamente al poeta en Italia cuando huía de su país. La solicitud de Neruda se repite en la carta posterior del 5 de febrero, enviada de Isla Negra. El poeta aparece ansioso de restituir al amigo generoso su préstamo, ahora sobre todo que ha abandonado Nápoles e Italia y vive en el lejano Chile. La suma indicada es menor, 50.000 liras, pero, como se ve, la preocupación del poeta sigue siendo la misma.

Leemos:

> *Te ruego pedir a Guanda, como un favor especial, si pudiera mandar un giro de L.50.000 a Paolo Ricci de Nápoles. Como tú sabes, yo quedé de no exigir [de la editorial Guanda] mis derechos hasta que el libro vaya vendiéndose, pero me veo en dificultades para mandarle este dinero desde aquí a Paolo Ricci, por las autoridades bancarias, y como no es una gran suma, creo que podrá hacerlo sin dificultades importantes.*

Dos meses después, con ocasión de la noticia del Congreso de la Libertad por la Cultura, que Neruda con la ayuda de Delia del Carril celebra en Santiago, Puccini toma ocasión de la participación en el evento del escritor Vasco Pratolini para enviarle "por medio de 'nuestro embajador Pratolini', los abrazos de todos los amigos compañeros italianos". La carta de Puccini informa de que la editorial Sansoni de Florencia le ha pedido un libro de poemas de Neruda con texto bilingüe y él quiere proponer *España en el corazón*, incluyendo todos los poemas que hablan de España, formando así un libro unitario "y no la usual antología que recoge un poco de todo y no significa nada". Por lo tanto, propone al poeta que le prepare una presentación particular para el lector italiano anticipando que el libro podría titularse *España*. A continuación, Puccini vuelve sobre el tema del dinero que hasta ahora Guanda no ha enviado al destinario indicado por Neruda. Informa el hispanista: "*Los negocios de Guanda en estos meses no macharon bien. Por eso él no pudo enviar lo*

Roma, 25 abril ██ de 1953.

Querido Pablo,
            te envio, por medio de
"nuestro embajador" Pratolini (qué gran
embajador !), los abrazos de todos los
amigos y companeros italianos !

    El Congreso es una cosa muy impor
tante y tu tienes que enviar noticias y
materiales sobre los exitos y las victo=
rias de esta realizacion, para la Paz y el
Progreso. Pratolini sera, por eso también
muy ████ interesado y util.

    Ahora una nueva editorial (una edi=
torial nuestra) ████████████████████
(con texto ████████ quiso que yo traduciera ███████
originalu extun libro de tus poemas. Yo propuse ESPAÑA
en frente). EN EL CORAZON, anadiendo todos los poemas
tuyos que hablan de Espana, para hacer
un libro unitario y no la usual antologia
que recoge un poco de todo y no significa
nada. Tu podrias escribir una presenta=
cion especial para el lector italiano y
el libro ~~será util~~ podrá ser ████████ ciertamente
a Espana. ████████████████ Te
████████ interesa y te gusta la cosa ?

        ████████████████
        ~~Guanda~~

    Los negocios de Guanda no marcha
ron muy bien (en estos meses). Por eso el
no pudo enviar lo que tu pedias para Paolo
Ricci, y el CANTO GENERAL no pudo hasta
ahora sortir como el prometio. Pero
~~el libro sera publicado ciertamente en~~

Foto del autor con la autorización de Stefania Puccini

que tú pedías para Paolo Ricci, y el CANTO GENERAL no pudo ser publicado como Guanda te prometió. Pero ahora las cosas se arreglaron (menos el asunto de Ricci) y el libro será ciertamente publicado en octubre-noviembre".[11]

En otra carta posterior del 14 de julio de 1955, Puccini informa que le ha enviado un ejemplar del poema "La lámpara en la tierra" del *Canto general*, publicado por Guanda. Pero más de un mes después Neruda contesta que aún no ha recibido el libro, debido, observa con ironía dirigiéndose al amigo romano, "a que lo envías por barco, como en la Edad Media. Cuándo conocerán los europeos el Correo Aéreo?". En cuanto a la anterior información de la editorial Sansoni que quiere publicar una antología italiana de su poesía, comenta, "Estoy muy contento con tus noticias sobre la Antología. Te ruego precisar más y decirme cómo va a encarar este trabajo".

Pero ya se ha celebrado en abril de 1953 en Santiago de Chile el gran acontecimiento político y cultural representado por el Congreso de la Libertad por la Cultura, y ahora una carta de Delia del Carril enviada al hispanista italiano y a su esposa Stefania Piccinato (de allí el diminutivo "Pucci"), cuenta los preliminares de la preparación y el éxito que tuvo el Congreso en cuya organización participó activamente Neruda.

Los saludos amistosos del comienzo —que responden al anuncio del próximo nacimiento del hijo del matrimonio, Davide, quien verá la luz el 28 de junio—, muestran la intensa relación que sigue uniendo a Pablo y Delia con los dos amigos romanos, con los cuales comparten la misma elección ideológica. Delia, al dirigirse a los dos amigos, representantes significativos de la cultura romana, la más importante y dinámica del país, debido a la presencia en los años cincuenta de grandes escritores y artistas que viven en Roma (Moravia, Pratolini, Fellini, Guttuso, para limitarnos a los autores nombrados en la carta), se queja del hecho de que ningún escritor italiano ha participado en el Congreso. En realidad, el mencionado y esperado Pratolini debía estar presente, como informaba la anterior carta de Puccini y otra misiva esta vez enviada a Rafael Alberti, el 23 de abril de 1953, donde se lee:

> Vasco Pratolini, escritor que no necesita presentación, te entregará o te enviará esta carta. Pratolini participa en el Congreso de los Escritores de América Latina en Santiago y por supuesto pasará por Buenos Aires. Y pasará por cierto por tu casa, imagino. Y en tu casa por cierto encontrará un poco de España y a un gran amigo de Italia y de la poesía.

La larga misiva, dactilografiada —que publiqué en *Nerudiana* 15-16 (2014): 73-76—, es enviada desde Santiago de Chile y lleva la fecha de 15 de junio de 1953:

> *Muy queridos Darío y Pucci: mil besos y cariños por la buena nueva. Ya habrá nacido el joven o la joven Puccini, si es verdad lo que nos dices en tu carta. Las elecciones han ocurrido y el nuevo Puccini?*
>
> *Tu carta tiene fecha 20 de Mayo, Darío, pero no hace mucho tiempo que llegó.*
>
> *Todos sentimos mucho que no llegara aquí un escritor italiano pero... Te diré que, por ejemplo [Alberto] Moravia era esperado y hubiera tenido una satisfacción como seguramente no la ha tenido en otros países. Cometió el gran error de su vida y su declaración me pareció indigna de una persona amiga de [Renato] Guttuso, Pablo y otros comunistas que le toleran su escepticismo (no muy clarividente) con consideración y respeto. Sus declaraciones anticomunistas y las de otros escritores conocidos, que se dejaron amedrentar por los diarios imperialistas y sus títeres locales, no consiguieron hacer daño al Congreso que tuvo un éxito grandioso.*
>
> *Imagínate que el presidente de la República, recién elegido con una abrumadora mayoría de votos, presionado por la Embajada Norteamericana, hizo declaraciones adversas al Congreso [por la Libertad de la Cultura] tildándolo de comunista, en el mismo momento en que se necesitaba conseguir local para la iniciación, desarrollo y clausura del Congreso.*
>
> *Eso hizo imposible esperar una ayuda financiera y además asustó a los funcionarios que podían facilitarnos los locales necesarios para la vida del Congreso.*
>
> *Hasta la Universidad, que es autónoma, se negó a prestar sus salas. Para qué te digo el teatro Municipal. Y ¿de dónde sacar el dinero para pagar todo eso?*
>
> *El trabajo fue grandioso. El primer éxito fue conseguir visa de entrada a los delegados soviéticos y democracias populares a pesar de estar rotas las relaciones con unos y no establecidas con los otros. Este primer éxito fue motivo después de las mayores amarguras.*
>
> *Porque hubo crisis de gabinete y el ministro que reemplazó al que había otorgado las visas se negó a ratificarlas aprovechando la circunstancia que los amigos soviéticos modificaron a última hora la lista que había sido aceptada anteriormente.*

Mientras, después de muchas antesalas en los ministerios correspondientes, Pablo consiguió la gran sala del Teatro Municipal para la Inauguración y una preciosa sala llamada Sala Filarmónica para la consecución de las sesiones de trabajo y otra vez la gran sala para la clausura.

Jorge Amado, con su intenso ritmo de trabajo ayudado por un equipo chileno muy abnegado, organizaba la llegada de una gran cantidad de delegados latinoamericanos que habían adherido al Congreso.

Y la lucha por vencer la presión norteamericana en el Gobierno para que dieran las visas para los amigos soviéticos seguía sin descanso. Imagínate qué importancia dieron los yankees al Congreso que no solamente pagaban a los diarios derechistas artículos todos los días en las páginas editoriales, sino que hicieron venir a un tal Gorkin español renegado, que estuvo en España durante la guerra española, condenado a muerte por traidor, a dar conferencias, a hablar por radio y a organizar un "verdadero" congreso en ¡defensa de la cultura y de la libertad!

Todo el dinero que gastaron en la anti-propaganda no les sirvió de nada.

Imagínate la alegría loca que nos dio, uno de esos dramáticos días, el llamado telefónico del poeta [Jaroslaw] Iwaskiévicz que, con toda inocencia sin saber lo que ocurría con los visados y aprovechando la primera visitación, había llegado a Santiago tan inesperadamente que nadie lo esperaba en el aeródromo. Nos ayudó inmensamente para conseguir que desistiera el Gobierno en la negativa de los otros visados. Los soviéticos no aceptaron venir pero llegaron los chinos, que provocaron un entusiasmo delirante.

Los planes del enemigo fueron deshechos totalmente. La inauguración del Congreso revistió una solemnidad inmensa. La sala del teatro más importante de la ciudad repleta de público. El escenario decorado con todas las banderas del continente americano y todos los jefes de las delegaciones. La parte artística organizada por Pablo dejó al público impresionado por la calidad que demostraba que la cultura estaba de nuestro lado.

Lo magnífico del Congreso es que demostró también que los organizadores habían dicho la verdad cuando decían que la finalidad era la defensa de la cultura Latinoamericana y de los intereses de los escritores, artistas y profesionales sin distinción de credos políticos ni religiosos.

Los enemigos políticos que aceptaron tomar parte en los debates y trabajos han aprendido a respetar a los comunistas porque ellos sintieron que se les trataba como ni siquiera sus correligionarios lo hacen. El ambiente de cariño, amistad y deferencia entre los comunistas y éstos con los demás, les llamó poderosamente la atención y se mostraron muy agradecidos.

Otro resultado positivo fue que el Congreso que impulsaba la embajada americana con el trostkista [Julián] Gorkin, a pesar de todos los dólares gastados y con todas las facilidades oficiales (Universidad de Chile etc., etc.) no pudo efectuarse.

El triunfo del nuestro los hizo caer en el vacío. Nos faltó la presencia de los soviéticos con Ehremburg a la cabeza (el tan querido Ehremburg) para que hubiera sido completo para nosotros (Los otros no pudieron ni intentarlo). ¡Y todo esto con la grande penuria de plata!

[En carácter manuscrito] Pratolini era esperado doblemente, por ser italiano y por ser Pratolini con muchos admiradores aquí.

Una gran pena también que no viniera ningún francés. Los Chilenos que hicieron un esfuerzo tan grande merecían un poco de atención. Pero los europeos no se interesan por Sud-América. Es una lástima, díselo a [Ambrogio] Donini [manuscrito:] y al Comité de la Paz.

Inmensa cantidad de besos para los tres Puccini
Delia La Formica

[En el margen izquierdo, manuscrito:] Pablo está de acuerdo con tu idea del libro antológico pero no desea que pongan en él Oda a Federico G. Lorca ni tampoco Las Furias y las Penas; en cambio te propone dos inéditos de un nuevo libro Las Uvas y el viento que se refieren a España. Te mandaré la copia.

Mientras tanto, la actividad de Puccini a favor de la difusión de la obra de Neruda es intensa y provechosa. El hispanista no solo envía al poeta las ediciones que él ha realizado de la obra de Pablo sino que también manda sus artículos y los que van apareciendo en Italia, dándole igualmente información sobre la marcha de la venta de los libros, bien acogidos —comenta, con humor— también por los "democristianos", representantes de la Democrazia, el partido político de inspiración católica. En una minuta sin fecha (anterior a la del 17 de octubre de 1955), leemos: *"Aquí te envío algunos recortes que pueden interesarte; ya muchos periódicos y diarios (también los democristianos!) hablaron con mucha admiración de tu Canto (también los democristianos!) y de mi traducción. El éxito de crítica y de venta (sobre todo de venta) está siendo muy bueno!"*

Puccini sigue pidiendo los libros *Las uvas y el viento* y *Las odas elementales*, que el hispanista confiesa no tener. En la próxima carta, promete, va a explicarle el asunto de la antología que quiere publicar Sansoni. En la misiva sucesiva, del 17 de septiembre, Puccini empieza lamentando el hecho de que él esperaba recibir una carta del poeta con sus impresiones sobre su versión italiana del canto *La lámpara en la tierra*, editado por Guanda, que él mismo le ha enviado, e igualmente se queja de que aún no ha recibido los dos libros pedidos, *Odas elementales* y *Las uvas y el viento*. A continuación, le envía, apunta, la carta de la Editorial Sansoni con "el catálogo de la maravillosa colección donde podría aparecer un volumen de tus poesías (casi) completas, sin texto español". Y Puccini, para convencer a su interlocutor, añade detalles positivos. Escribe: "*Un volumen de 1000 páginas, del mismo tamaño de los libros de la colección Losada "Poetas de España y América". La Editorial Sansoni es una de las más importantes editoriales italianas, la más seria y seleccionada. El único poeta contemporáneo incluido en la colección es, como tú mismo puedes ver, Rilke!*"

Y añade otros detalles sobre las condiciones de pago de la editorial; al final vuelve a dirigirse al amigo poeta al cual pide, antes de que Puccini acepte el gran trabajo que requiere la edición, "que tú me prometas de ayudar seriamente a tu traductor y de escribirle con mayor frecuencia (Es una lástima que tu bibliografía en el CANTO en italiano sea tan escasa!)". La carta termina informando de que le envía una de las muchísimas críticas sobre el libro, la del conocido crítico católico Carlo Bo, "el Papa de la crítica literaria burguesa de Italia!" Y vuelve a decir que el libro "se vende y gusta mucho".

Un mes después, exactamente el 17 de noviembre, desde su nueva dirección de Chile, ahora Marqués de la Plata 0192, Neruda contesta muy feliz por las cartas y la hermosa edición recibidas, declarando que acepta la proposición de Sansoni deseando que el trabajo empiece pronto. En cuanto a la ayuda para la traducción pedida con insistencia por Puccini, contesta que "mi viejo amigo que colabora conmigo, Homero Arce, contestará puntualmente todas tus consultas", mientras tanto promete enviar por correo marítimo (olvidando sus protestas cuando el amigo hispanista acudió al mismo medio de transporte), los libros pedidos, *Las uvas y el viento* y *Odas elementales*, prometiendo que se los dedicará cuando llegue a Italia, la primavera próxima. Interesante la nota que Neruda pone al pie de la página, que informa de que "Dentro de una hora salgo para Varsovia" y más aún la reiterada invitación a saldar su deuda con el amigo napolitano: "Ojalá Guanda envíe 60 mil liras a Paolo Ricci. Estoy avergonzado de esta deuda y quiero que me ayudes".

La atención de Puccini hacia Neruda es constante y generosa, aunque no faltan reproches directos por el olvido y descuido del poeta hacia los reiterados pedidos de sus libros, que él quiere traducir y sobre los cuales desea escribir, y cuya falta le obliga a acudir a los que tienen sus amigos romanos. En su carta del 16 de junio de 1956 escuchamos su nueva queja: *"Recibí "Las uvas y el viento", "Viajes" y "Nuevas odas elementales", pero nunca recibí las primeras "Odas elementales! Por qué? Puedes hacerme enviar este libro también? Mucho me gustaría escribir mis notas sobre libros de mi propiedad y no de Antonello [Trambadori] o de Guttuso...*

En la misma epístola, Puccini informa que el proyecto de la publicación anunciada con la editorial Sansoni parece parado y por lo tanto envía la dirección de dicha editorial florentina y el nombre de su director (Federico Gentile) para que le escriba él directamente "pidiendo noticias y diciendo que otro editor te pidió los derechos de traducción para Italia. Ellos [los Sansoni] *deben* hacer el volumen que te propusieron: ya se comprometieron conmigo". El hispanista da a conocer y al mismo tiempo pide ayuda a Neruda sobre otro episodio lamentable, relativo a un guión cinematográfico sobre Bolívar que Puccini ha preparado con el escritor chileno Enrique Campos Menéndez, quien, al abandonar Roma, no cumplió con su deber de pagar los 500 dólares que quedaban como deuda final, aunque el hispanista le ha escrito varias veces, además de haberse empeñado en traducir el libro de Campos Méndez sobre Bolívar con un editor italiano y, por último, amenazándole con la posibilidad de dar a conocer el engaño a la prensa chilena. Confiando en que puede "arrancarle" dicha deuda, envía a Neruda dos autorizaciones, una con su nombre y otra anónima para su secretario u hombre de su confianza, para ver si con eso puede convencerle de pagar lo prometido. A continuación queda, dactilografiado, el documento, firmado en Roma a 18 de diciembre de 1959, que así empieza: "Con esta carta doy al señor...que es persona de confianza mía y del señor Pablo Neruda, la autorización a cobrar la cantidad de 500 (quinientos) dolores U.S.A., que el señor Enrique Campos Menéndez me debe el diciembre de 1988", etc.

Sobre el asunto no tenemos contestación por parte del poeta; en cambio, son varias las cartas de Puccini que envía al poeta a partir de octubre de 1960. En la primera pide detalles, no exentos de cierto humor, sobre la presencia del poeta en Milán, donde Neruda ahora se encuentra y toma contacto, a través del hispanista de la capital del Norte, Giuseppe Bellini, con la Nueva Accademia Editrice, donde este último dirigirá en adelante la colección de poesía *Il Maestrale*, que dará a conocer a los lectores italianos muchos libros del poeta chileno. En Milán el poeta presenta su libro *Poesie* (trad. G. Bellini, Milano, 1960), con la participación de Giorgio Strehler, prestigioso director del Piccolo Teatro de la ciudad, que lee algunos poemas del *Canto general*. Escribe Puccini con ironía dirigiéndose al poeta: "¿Cómo anduvo en Milán? Te ataron a una silla y te hicieron firmar cientos contratos? Cuéntame algo". En la carta del 26 de octubre el hispanista romano le envía el recorte de la entrevista publicada en el diario romano *Paese-Sera*; igualmente, en la epístola de finales del año, le pregunta si ha recibido el artículo y le manda su oda aparecida en el suplemento del mismo diario. Naturalmente Puccini no olvida enviar junto con su esposa "Pucci" sus augurios para el año nuevo. Además, una nota en el *post scriptum* informa con ironía: "Tu "traductor" Bellini, llegó, en su aplastamiento reaccionario de tu poesía, a cambiar palabras: no le gustaba la palabra *lucha* y la cambió con *costa* en tu "Oda a Jorge Manrique" (p. 184 del libro de Bellini)". Lo que es verdad; en efecto, la estrofa final española de la citada oda reza: "Por las abiertas ventanas / se extendían las tierras, los países, / la lucha, el trigo, el viento". Pero es más fácil pensar en una errata o error, ya que la palabra "lucha" aparece muchas veces traducida por el hispanista de Milán en sus versiones de la poesía de Neruda con el correspondiente vocablo italiano *lotta*. También es posible que Bellini tenga en sus manos un original con una variante en el verso: es difícil saberlo. Pero, volviendo a las quejas de Puccini por cierto olvido de parte del poeta, es evidente que a partir de los años sesenta la presencia de Neruda en Italia es más visible en Milán que en Roma, la cual hasta entonces había sido, en particular en el decenio anterior, la verdadera capital de la cultura europea, donde fue importante el rol que desarrolló el *entourage* de los intelectuales y artistas romanos ligados al mundo del cinema (es suficiente recordar la presencia de Federico Fellini, los actores Vittorio Gassman, Marcello Mastroianni), de la literatura (Pier Paolo Pasolini, Vasco Pratolini, Alberto Moravia, Carlo Levi y también algunos escritores exiliados españoles como Rafael Alberti, su mujer María Teresa León y José Bergamín) y del arte (los hermanos Giorgio de Chirico y Alberto Savinio, Pericle Fazzini, Gino Severini, Orfeo Tamburi, y sobre todo Renato Guttuso por la estrecha relación tenida con el poeta, la mayor parte afiliados al Partido Comunista Italiano y asiduos colaboradores de sus publicaciones. Primado cultural que, como se ha anticipado, pasa en los años sesenta a Turín, por la presencia de la editorial Einaudi con su entorno de escritores, y también a Milán, en este caso gracias a la dinámica y fructífera actividad de promoción ejercida por Giuseppe Bellini, quien no fue solo amigo traductor del poeta, sino que, a partir de 1967, le representó como albacea de los derechos del autor en Italia, y le puso en contacto con la casa-imprenta de Alberto Tallone, que desde París se había trasladado a Alpignano, un pueblo cerca de Turín, continuando allí su refinado arte de impresor. A Tallone, editor de numerosas ediciones del poeta, Neruda dedicará un recuerdo de extraordinaria belleza. Bellini, en el libro *Il fuoco dell'amicizia /El fuego de la amistad*, que recoge los testimonios de varios amigos italianos de la presencia de Bellini en el país, recuerda el primer encuentro tenido por Neruda con el editor Tallone, del que trascribo este largo fragmento:

> *El primer encuentro con Neruda y Matilde con el matrimonio Tallone fue entusiasmante. La dirección que teníamos del impresor era aproximativa y con el auto íbamos lentamente, estudiando las calles, hasta que llegamos a ver un muro que rodeaba el jardín desde el cual se elevaba una gran columna negra de humo. Esa debía ser la residencia de Tallone, pero Pablo sostenía que, a causa del exceso de humo, no podíamos más que encontrarnos en una estación ferroviaria. Entramos de todos modos por el portón y cuál no sería nuestra sorpresa cuando vimos una gran locomotora humeante, situada entre la casa de Alberto y Bianca, su esposa, que nos esperaban jubilosas. El impresor solía recibir a sus visitas especiales con el humo intenso de su locomotora, que obtenía quemando harapos embebidos en bencina a los cuales daba fuego.*
>
> *Pablo estaba entusiasmado; no se conocían ni se habían visto nunca, pero fueron abrazos afectuosos y en seguida Neruda subió a la locomotora, al lugar del maquinista, donde hizo que le tomaran fotografías, solo y luego con Matilde, sentado sobre los topes anteriores de la imponente máquina. Parecía un niño, tanta era su alegría, él, hijo de un ferroviario y enamorado de los rieles.*[12]

Como confirmación del ligamen de amistad que Neruda tuvo con Bellini, éste cuenta que el poeta, en cuanto recibió el Premio Nobel, le llamó para informarle de que, como reconocimiento y homenaje personal por su obra de difusión en Italia, quería intervenir y leer sus poemas en una de sus clases en la Facultad de Lenguas y Literaturas extranjeras de la Universidad Bocconi de Milán, donde Bellini ejercía como docente. Y así fue, yo estaba presente en aquella ocasión, que vio una participación increíble de estudiantes.

Durante los primeros años de la década de los sesenta, Puccini sigue lamentando el largo silencio por parte de Neruda, pero no deja de informarle sobre la publicación de su obra en Italia. En la carta del 23 de octubre de 1961, acusa: "es tanto tiempo que no tengo tus noticias", y a continuación escribe: "Dentro del año saldrá tu libro de Sansoni". Y vuelve evidenciar la constante atención y el duro sacrificio que él le dedica constantemente: "tuve que corregir dos veces las pruebas". Y comenta: "fue un gran trabajo. Pero el libro me parece de gran importancia". Al mismo tiempo, al descubrir en el boletín informativo de la Editorial Losada la publicación del libro *Piedras de Chile*, pide si puede enviarle el libro. Poco después, la noticia que inquieta a Puccini aparecida en el mismo boletín es la de que "La editorial Nueva Academia —la que dirige Bellini— publicará próximamente la prosa y los poemas de Pablo Neruda". Y, por lo tanto, pregunta, "De qué se trata?"[13] En las líneas sucesivas, el hispanista romano renueva la noticia de que "la casa productora de discos Fonit-Cetra quiere hacer un disco de *Veinte poemas de amor* y de tus *Cien sonetos*" y que el actor de sus poemas será Vittorio Gassman, uno de los más conocidos en Italia. Pablo regresa a Romaot, en ocasión de la presentación de su antología *Poesia*, edición de Dario Puccini, Firenze, Sansoni, que tiene lugar, en la Urbe en el "ridotto" del teatro Elisio, el 30 de mayo de 1962, como muestra la foto que presentamos en que, en este orden, aparecen el actor Arnoldo Foá, que leyó los poemas, Vittorio Bodini, conocido hispanista que tradujo para Einaudi el drama *Fulgor y muerte de Joaquín Murieta*, el escritor Guido Piovene, Carlo Levi, Pablo Neruda y Dario Puccini. Otra foto, siempre de la misma fecha, muestra reunidos a Pablo Neruda, Matilde Urrutia y Dario Puccini. Es este el año en que el poeta recorre varias ciudades italianas leyendo poemas de sus cinco libros traducidos al italiano.

Pasan solo dos meses y Neruda recibe otra misiva de Puccini, fechada en Roma el 3 de junio de 1962, de la que existen dos minutas, una borrada y la segunda con numerosas tachaduras, signo de un estado de ánimo inquieto y atormentado. Al comienzo de esta, Dario informa al poeta de su viaje inmediato a Bologna y Milán, pero en el caso de que vaya a esta última ciudad, escribe: "no buscaré ni la Nuova Accademia ni al señor Bellini", dando sucesivamente rienda suelta a su desahogo con respecto a su intenso trabajo de difusión de la obra del poeta, no suficientemente valorado por Neruda, quien parece confiar en otro traductor. Puccini da por terminado "mi empeño de 15 acerca de tu obra (como traductor)", añadiendo: "Es demasiado fatigado y difícil seguir trabajando en tu obra en esas condiciones de inestabilidad: parece estar navegando en un mar de tempestad...".

Gabriele Morelli, *Dario Puccini, Rafael Alberti. Corrispondenza inedita (1951-1969)* (Milano: Viennnepierre, 2009), 64.

Las *doléances* del hispanista romano apuntan de una manera directa al haber el poeta elegido a Bellini y a la editorial Nuova Accademia como sus referentes actuales, lo que, según su opinión, crea problemas en cuanto a la misma obra de difusión del poeta en Italia, haciendo constar cómo, por ejemplo, la publicación del libro *Veinte poemas de amor* en 1962 por esa editorial, puede perjudicar el libro en preparación de Sansoni, así como comprometer la iniciativa del "disco con la Fonit-Cetra, traído del libro de Sansoni, etc.". He aquí su comprensible desahogo personal: "Pero, para ti es lo mismo que tus poemas sean traducidos por Quasimodo o por mí, o de otra parte [...] por el señor Bellini". Sigue un año de silencio entre los dos amigos, debido a los numerosos viajes del poeta: primero a Atenas, Estambul, Varna y Odisea, y luego a Moscú para participar en el Congreso Mundial por el Desarme y la Paz antes de su regreso a Santiago. Es este también el periodo en que aparece *Sumario. Libro donde nace la lluvia*, publicado por el impresor Alberto Tallone, en una edición de solo 285 ejemplares, que comprende la primera parte del *Memorial de Isla Negra* y presenta un prefacio que no recoge la edición completa del libro.

Una carta de Neruda, fechada en Valparaíso el 26 de noviembre de 1963,

Darío Puccini, Pablo Neruda y Matilde Urrutia. Esta foto se reproduce con la autorización de Stefania Puccini

rompe el largo silencio y también, creo, hace brecha en el sentimiento de cierre y amargura antes manifestado con cierta razón por Puccini, a quien el poeta ahora invita a venir a Chile para participar en un congreso sobre su poesía que organiza la Universidad de Chile.

El comienzo de la misiva de Pablo es muy significativo de la capacidad de nuestro poeta de allanar cualquier forma de protesta, más o menos justificada, de sus amigos con gestos de generosidad, no tocando el asunto de crítica o desaprobación. Escribe Neruda:

Querido Puccini. Ha sido muy impresionante para mí recibir tu carta el mismo día que propuse a la Universidad de Chile tu viaje a este país. Me habían llamado para proponerme una especie de Seminario sobre mi obra, a realizar en Julio de 1964 para los pasajes era limitada a solo tres personas, y que él ha indicado su nombre aunque, en caso de su aceptación, pero le anticipa que se dispone "dispone de un solo pasaje y podrías venir con tu mujer, mi encantadora enemiga".

Al mismo tiempo Neruda le informa sobre sus nuevos trabajos, algunos no concretizados, que van a aparecer en 1964, y que son:

ARTE DE PAJAROS. Libro sobre pájaros reales e imaginarios, totalmente ilustrado. MEMORIAL DE ISLA NEGRA. Libro en verso en 6 volúmenes separados. I DONDE NACE LA LLUVIA (ya publicado por Tallone con el titulo SUMARIO. I LOS PIES EN EL LABERINTO, III EL FUEGO CRUEL. IV EL CAZADOR DE RAICES, IV (sin título aún) y VI (sin título aún).

A continuación, Neruda afronta el asunto del proyecto del disco que la Fonit-Cetra quiere preparar sobre el libro de Sansoni pero que corre peligro a causa del contrato de publicación de los libros de Nuova Accademia. Y copia las condiciones escritas en francés (entonces lengua internacional) impuestas por la editorial milanesa y después aclaradas con su Director Dr. Gibelli, que no prohíbe la publicación del disco de Sansoni, pero que quiere "que se lo pidiera la Compañía de Discos". De todos modos, el poeta invita a la cautela: "Yo no sé si tiene o no tiene los derechos. Me parece que puedes hacerle en todo caso, pero sería conveniente usar ese procedimiento del permiso".

La carta se cierra con la información de un complot de algunos escritores, entre los cuales se distingue el conocido enemigo Ricardo Passeyro, contra la posibilidad de la concesión del Premio Nobel a Neruda bajo la calumnia de su participación al asesinato de Trotsky en México. Leemos:

Sabrás que desde París montaron una conspiración para que no me dieran el Premio Nobel. Escribieron a cada uno de los académicos suecos y viajaron a Estocolmo haciendo toda clase de propaganda por radio, televisión. El argumento más importante fue el que yo había participado en el asesinato de Trotsky. Aunque yo no sabía de esta capacidad mía para el crimen, ganaron la partida. Passeyro y Octavio Paz montaron el asunto.

El viaje a la Universidad de Chile no se realizó, como confirma Stefania Puccini, que seguía atentamente la relación de Dario con el poeta. En cambio, el comentario de Puccini sobre la conjura organizada por algunos enemigos contra la candidatura del poeta al Premio Nobel, que en efecto fue concedido sucesivamente al escritor guatemalteco Miguel Ángel Asturias, en 1967, y solo cuatro años después a Neruda, no puede ser más que tajante, aunque el hispanista romano ve, como elemento unificador de la acción calumniadora, la estupidez y la envidia (referencia respectiva a las personas de Passeyro y Paz). Comenta Puccini, en su epístola del 7 de diciembre de 1963: "Lo que del Premio Nobel parece increíble. Pero los estúpidos cuanto se juntan con los envidiosos hacen algo terrible: una especie de 'fascio' o sea fascista o sea simplemente irracional...".

En diciembre del mismo año, el hispanista italiano vuelve a escribir al poeta para conocer algo de la invitación anterior de la Universidad de Chile anunciada por Neruda y, al mismo tiempo, le informa que no ha recibido nada de la nueva edición de *Obras completas* y tampoco de los libros que va publicando la Nuova Accademia de Milán. Igualmente le dice que le ha llegado una carta firmada por el poeta y algunos escritores e intelectuales de todo el mundo para una "Exposición de Solidaridad con el Pueblo de Chile": sobre el asunto ha informado a lo amigos amigos romanos Levi, Guttuso y otros más, pero pide más informaciones precisas sobre el evento.

Transcurren más de dos años sin que el carteo epistolar registre documentación alguna; solo a primeros de julio de 1966 una misiva de Puccini señala que ha pasado "tanto tiempo sin tus noticias", mientras le envía la página del diario socialista *Avanti* señalando que "pocos son los autores extranjeros que aparecieron en este suplemento literario" y que los autores que prepararon los perfiles "son escritores y críticos buenos". Puccini, que está preparando un artículo para el Diccionario UTET y al mismo tiempo piensa escribir un libro sobre su poesía, necesita conocer su producción posterior a *Memorial de Isla Negra*. Entre noticias personales, le informa de que ahora él enseña en la Universidad de Roma y no solo en la de Cagliari como el poeta sabía, e incluso le cuenta que un estudiante, bajo sugerencia de la filóloga hispanista Lore Terracini, prepara una tesis sobre su poesía. En noviembre de 1967, tras la visita de Neruda a Roma y el encuentro con Puccini, al que este alude, la carta de Puccini informa de que le envía dos recortes de Remainders Books, que vende libros de viejo, en que aparecen todos los libros de la Nueva Italia, para volver a afirmar que la editorial más seria y conocida es la Sansoni: "Ya sé que tú no quieres consejos, —comenta el amigo italiano— pero me parece que es más importante para ti encontrar en Italia una y una sola editorial buena y fuerte, que guarde tus libros en sus catálogos... No sé si ésta puede ser la editorial Sansoni, pero me parece que es realmente una editorial sólida y firme".

Otro salto temporal nos conduce al año 1972, interrumpido en parte por un telegrama, fechado el 23 de octubre de 1971, que Puccini envía al poeta, embajador de Chile en París, en ocasión de la concesión del Premio Nobel al poeta, que sigue (en los elegidos de lengua española), al recibido por la amiga chilena Gabriela Mistral (1945), el español Juan Ramón Jiménez (1956) y el guatemalteco Miguel Ángel Asturias (1976).

A comienzos de marzo del año siguiente, Stefania Puccini viaja a la ciudad de las luces con motivo de un seminario al cual había sido invitada en la Sorbona: allí se encuentra con Neruda y Matilde Urrutia, que le invitan a una "estupenda cena". Puccini envía sus gracias personales y una página escrita para la recepción del Premio Nobel y, entre otras cosas, recuerda al amigo Pablo que tiene siempre el deseo de ir a Chile, tras haber visto el entusiasmo de Carlo Levi, que le ha descrito con énfasis su reciente viaje a Santiago. Una nueva misiva de Puccini, del 23 de noviembre de 1972, anuncia que la Embajada Argentina en Roma le ha invitado a visitar el país en diciembre (del 19 al 22 de enero): ocasión esta que le permitiría ir a ver al poeta. "¿Sería posible" —pregunta Puccini— "conseguir una invitación similar y un pasaje de ida y vuelta a Santiago desde Buenos Aires?". Y añade: "Creo que tú podrías hacer algo quizás a través de alguna Universidad". En su *Post Scriptum*, el hispanista romano vuelve a preguntar a Neruda si ha publicado algún libro nuevo y le informa de que Stefania vio la traducción francesa de *Piedras de Chile* —obra que Puccini aún no tiene— y que le gustó mucho. Viaje a Santiago que Puccini puede realizar por fin: un telegrama de Neruda, fechado el 5 de enero de 1973, anuncia: "Te esperamos avisa vuelo llegada". Y aquí la respuesta del hispanista, enviada de la Embajada de Chile, en Buenos Aires: "Saldré día 12 con vuelo 156 de la LAN de Chile. Asegúrame por favor reembolso pasaje ida y vuelta. Tengo muchas ganas de verte".

La relación epistolar directa con el poeta se interrumpe con la muerte del poeta, acaecida el 23 de septiembre de 1973: sigue una carta del hispanista italiano a Matilde Urrutia en que Puccini se disculpa por no haberle escrito en el momento de la desaparición del poeta: "no tuve palabras —comenta el hispanista— para decirte todo mi dolor ni para darte algún consuelo. Hablé en varios actos en memoria de Pablo y escribí varias notas sobre su inolvidable persona y acerca de su gran poesía". Además, Puccini le expresa toda su solidaridad en favor de la resistencia chilena y espera verla en ocasión de un encuentro internacional que se está organizando en París a favor de los intelectuales de su país.

Una memoria personal de Stefania Puccinato "Como recuerdo a Pablo Neruda"[14] cierra la documentación de este interesante epistolario cruzado entre el hispanista italiano y el poeta.

Notas

1. S. Piccinato, *Omaggio a Neruda*, Anacapri, 29 de agosto de 2012.

2. Doy las gracias a Stefania Piccinato por su información y disponibilidad sobre la documentación epistolar cruzada entre Puccini-Neruda: idéntico agradecimiento va a la Directora Gloria Menghetti del Instituto Viesseux de Florencia —donde ahora los textos se conservan— en el envío del material. Igual agradecimiento debo a la Fundación Pablo Neruda por las facilidades dadas para la recepción y consultación de los manuscritos.

3. La carta, como las siguientes, fechadas en Praga el 4 de junio 1951, y en Capri el 12 de abril de 1952, son publicadas por Hernán Loyola en su *Nerudiana dispersa* (11): 1033-1035.

4. I. Delogu, *Pablo Neruda in Italia. Luoghi, lettere e poesie* (Empoli: Ubiskos-Ulivieri, 2008), 194.

5. G. Bellini, "Nuove notizie su Neruda", en *Notiziario. Cnr-Università degli Studi di Milano*, n. 45 (2012): 12.

6. Neruda en "Carlo Levi era un búho" describe el momento en que el escritor y pintor italiano realizó su retrato en su taller de Roma. Véase *Para nacer he nacido*, 2ª edición (Barcelona: Seix Barral, 1978), 82-83.

7. Antonello Trombadori (Roma, 10 de junio de 1917-Roma 19 de enero de 1993) fue periodista, crítico de arte y político comunista.

8. En la carta de Neruda (Capri, 14 de febrero de 1952), el poeta envía a Puccini esta recomendación: "Me parece que debes anotar todo y hacer una larga lista de las dificultades con las soluciones". En otra, del 9 de febrero de 1953, se lee: "Te ruego me mandes a mí directamente la consultas sobre la traducción de mi libro" y añade: "Con respecto a las notas tienes que hacerlas tú mismo, y deben ser muy rápidas, sacándolas de alguna enciclopedia. Y resumiéndolas". Es una lástima que Puccini no haya guardado ni las listas de sus dudas y sobre todo las aclaraciones enviadas por el poeta y Delia del Carril. Solo aparece una pregunta, en la misiva del 7 de abril de 1961, en la que Puccini escribe: "¿qué significa el título 'Desespediente' de uno de tus poemas de la segunda *Residencia*?".

9. *Vie Nuove* es una revista del Partido Comunista Italiano, fundada en 1946 por Luigi Longo. De 1956 a 1961 colaboró el poeta Pier Paolo Pasolini en una columna en que dialogaba con el lector.

10. Libero Bigiaretti (Matelica, 6 de mayo de 1905-Roma, 3 de mayo de 1993), poeta y escritor italiano; también es autor de textos teatrales.

11. En efecto, la minuta con correcciones de una carta preparatoria de Puccini a Neruda, del 15 de julio de 1955, informa de que el poema "La lámpara en la tierra", al cuidado del hispanista romano, es impreso por la editorial Guanda; el hispanista le enviará el libro que comprende las partes I-IV del *Canto general*. Otros estudios de

Dario sobre la obra el poeta chileno son: "Lettura del *Canto general* di Pablo Neruda", *Societá*, Torino (1950, VI): 4; "La poesía di Neruda tra la metafora e l'epos", *América Latina*, Milano (1952, I): 1. En la misma misiva, Puccini informa de que "la Editorial Sansoni quiere reunir en un volumen de 800 páginas tus poemas (pero solo la traducción italiana) en una colección donde está publicada la obra poeta de Goethe y donde salió un Lorca y un Pindaro". Al final, pregunta: "¿Te interesa esta oportunidad?".

12. G. Bellini, "El Neruda que conocí", en *Il fuoco dell'amicizia / El fuego de la amistad*, ed. de J. Goñi, P. Rivadeneira, T. Cirillo (Napoli: Arte Tipografica Editrice, 2005), 78. Neruda recordará en el primer encuentro con Tallone, en su "Adiós a Tallone" en su libro *La copa de sangre* (Alpignano: Imprenta de A. Tallone, 1969), 89.

13. Se trata de los dos siguientes libros (el primero de versos y el segundo de prosa): P. Neruda, *Venti poesie d'amore e una canzone disperata*, por G. Bellini (Milano: Nuova Accademia, 1962), y *Pagine d'autunno*, idem.

14. El texto se publica en el libro que recoge el homenaje y el testimonio de los amigos italianos al poeta chileno, *Il fuoco dell'amicizia / El fuego de la amistad*, ed. de José Goñi, Patricia Rivadeneira, Teresa Cirillo (Napoli: Arte Tipografica Editrice, 2005), 143-149.

Pablo Neruda, lector y autor de narraciones fantásticas y viajes extraordinarios

Darío Oses
FUNDACIÓN PABLO NERUDA / ESCRITOR

UN EXTRAÑO IMPULSO NARRATIVO recorre la obra de Neruda. El poeta ha contado muchas veces, en verso y en prosa, tanto la totalidad de su vida como momentos de la misma. También narró las andanzas de héroes populares como Joaquín Murieta, y Babo, el rebelde; asimismo escribió una novela breve, *El habitante y su esperanza*, relató diversos episodios de la historia de América, y ha contado sus viajes por el mundo, sus incursiones en busca de libros y de objetos para sus colecciones, y más.

Hablo de un impulso extraño, en primer lugar porque esta vena narrativa ha quedado fuera de las principales vertientes de su poesía: la amorosa, la política, la americana, la de la materia y la autobiografía. La extrañeza también es porque en su obra se encuentran fábulas y relatos fantásticos y poemas con texturas oníricas y presencias numinosas. Solo de ellos nos ocuparemos en este artículo.

Tempranamente, en 1922, cuando tenía dieciocho años, Neruda publicaba en la revista *Claridad* un relato fantástico en prosa poética, "El puente que anda". Su motivo es el del testigo involuntario de hechos portentosos, en este caso un caminante que se encuentra con un puente cansado:

> Pero su cansancio era el de la inmovilidad. Estaba cansado de dejar pasar bajo su toldaje de fierro el agua mansa que fluye y fluye. Estaba cansado de mirar alejarse los pasajeros emigrantes. Cansado de ver cambiar el cielo y huir, huir los días perseguidos por las noches veloces y estrelladas. Cansado de estar tendido como un sepulcro, para que pasaran por él los trenes trepidantes y los viajeros inquietos.

Fue sin quererlo cuando lo sorprendí. Se había levantado enderezando sus piernas de riel, y su esqueleto semienterrado en la tierra fugitiva. En la llanura emprendió una frenética carrera, una salvaje danza en que titilaban inmensamente sus vértebras mecánicas. Por los montes trepó a zancadas y sobre las cimas se detuvo besado por los vientos olorosos. Saltó las carreteras. Quebró los muros...[1]

Otro motivo que se advierte en esta escena es el de la rebelión de los objetos, que cansados de su sumisión a las funciones que les impone el hombre, cobran vida y voluntad propia. Este motivo se encuentra ya en la tradición precolombina mesoamericana, donde la rebelión de los enseres es uno de los signos del apocalipsis, y se actualiza cuando el hombre, convertido en un instrumento más de las prácticas de producción industrial tayloristas y fordistas, se rebela como lo hace el Chaplin de *Tiempos modernos*.

En su libro *Nuevas odas elementales,* (1956) Neruda incluye su "Oda a las estrellas", en la que, dentro de la línea de su gran inventario poético del mundo, admira la hermosura de las estrellas, pero les reprocha su improductividad y su lejanas, y las invita a llenarse de racimos y ponerse al servicio del hombre. Sin embargo, para la obra que sigue, *Tercer libro de las odas* (1957) escribió "Oda a una estrella", hermosa fábula sobre un hombre que sube a la terraza de "un rascacielos altísimo y amargo" y que "en un acto de amor extraordinario" se apodera de una estrella, la roba al firmamento, la lleva en un bolsillo, la esconde debajo de su cama: "...pero su luz / atravesó / primero/ la lana del colchón, / luego / las tejas, / el techo de mi casa".

> Entonces su vida se altera:
> Siempre con esa luz
> de astral acetileno
> que palpitaba como si quisiera
> regresar a la noche
> yo no podía
> preocuparme de todos
> mis deberes
> y así fue que me olvidé de pagar mis cuentas
> y me quedé sin pan ni provisiones.
> Mientras tanto, en la calle,
> se amotinaban
> transeúntes, mundanos

vendedores
atraídos sin duda
por el fulgor insólito
que veían salir de mi ventana.

El hablante, entonces, toma la estrella, la envuelve en un pañuelo y se enmascara para pasar entre la muchedumbre sin ser reconocido. Llega al río Verde y allí echa a la estrella suavemente en el agua:

Y no me sorprendió
que se alejara
como un pez insoluble moviendo
en la noche del río
su cuerpo de diamante.[2]

En esta fábula, como en casi todas las narraciones poético fantásticas de Neruda no hay intenciones ajenas a las necesidades del relato mismo. No se encuentran, por ejemplo, esos alegatos, frecuentes en las odas, por la supremacía humana, como cuando el poeta le dice al mar:

...te amarraremos
pies y manos,
los hombres por tu piel
pasearán escupiendo,
sacándote racimos,
construyéndote arneses,
montándote y domándote...[3]

Estravagario (1958) es un libro rico en relatos fantásticos, como "Sucedió en invierno", donde el poeta relata una incursión a una casa fantasmal, a un ámbito tan extraño como indeterminado:

Los dormitorios se asustaron
cuando yo traspuse el silencio.
Allí quedaron encallados
con sus desdichas y sus sueños,
porque tal vez los durmientes
allí se quedaron despiertos:
desde allí entraron en la muerte,
se desmantelaron las camas

y murieron los dormitorios
con un naufragio de navío.

Hay también una trasgresión y la amenaza del castigo correspondiente:

Yo apresuré mis zapatos
porque si me hubiera dormido
y me cubrieran tales cosas
no sabría lo que no hacer.
Y me escapé como un intruso
que vio lo que no debió ver.

Al final, el hablante intenta borrarlo todo por la vía de una negación deliberadamente apresurada e inconsistente, hecha para que no le crean:

Por eso a nadie conté nunca
esta visita que no hice:
no existe esa casa tampoco
y no conozco aquellas gentes
y no hay verdad en esta fábula:
son melancolías de invierno.[4]

En "Y cuánto vive", del mismo libro, el poeta cuenta el cuento de un "yo" que se hace preguntas metafísicas: ¿cuánto vive el hombre? ¿cuánto muere?, etc. y luego inicia una especie de peregrinación en busca de respuestas. Habla con sacerdotes, médicos, sepultureros nacionales e incineradores de cadáveres de países remotos. Es un poema en cierto modo paródico de esos relatos de viajes en busca de un secreto profundo o de un saber de salvación.

En *Estravagario*, se encuentra también el relato, con reminiscencias vernianas, de la lucha de seis marinos chilenos "contra un pulpo de colosales dimensiones", y la triste historia de una sirena que entra a un bar y es humillada y escupida por los borrachos que hay dentro.

Notable es el décimo episodio de *La barcarola* (1967) "El astronauta" en el que el poeta relata su llegada "a una estrella recién abierta" incorporando a su poesía paisajes imaginarios que los viajes espaciales habían abierto en el mundo.

En *Las piedras del cielo*, de 1970, encontramos un poema (en prosa), el n° XXIV, que cuenta una historia en la que el hablante traspasa un umbral: "una antigua puerta de hierro", que lo lleva a "una gruta de piedra amarilla que se alumbraba sola" y donde los perfiles de la realidad empiezan a desvanecerse. El narrador advierte presencias extrañas:

> Llamé en voz alta por si alguien estuviera oculto entre las agujas amarillas. Extrañamente, fui respondido: era mi propia voz, pero al eco ronco se agregaba al final un lamento penetrante y agudo. Repetí la experiencia, preguntando en voz más alta aún: Hay alguien detrás de estas piedras? El eco me respondió de nuevo con mi propia voz enronquecida y luego extendió la palabra piedras con un aullido delirante, como venido de otro planeta. Un largo escalofrío me recorrió clavándome a la arena de la gruta. Apenas pude zafar los pies, lentamente, como si caminara bajo el fondo del mar.

Durante el retorno piensa que si mira hacia atrás se convertirá en "en arena, en piedra dorada, en sal de estalactita", como ocurre en aquellos relatos míticos en que el héroe debe respetar una prohibición para alcanzar el umbral del regreso. La conclusión en algo se parece a la de "Sucedió en invierno": "Nunca me atreví a contar a nadie este suceso y desde entonces evito aquel lugar salvaje de grandes rocas marinas que castiga el océano implacable de Chile".[5]

Este encuentro con lo numinoso ocurre en un lugar concreto, y claramente localizado: "el laberinto rocoso de Trasmañán, entre el peñón de Tralca y las primeras casas del Quisco Sur", es decir, muy cerca de uno de sus lugares más familiares: su casa de Isla Negra.

En el poema V (también en prosa) del mismo libro, Neruda cuenta la ocasión en que los poetas de Colombia le ofrecieron una magnífica esmeralda que se pierde en el cielo, que asciende "hasta evadirse en el aire, en medio de una tormenta que nos sacudió de miedo". Después de la ascensión sin retorno de la esmeralda y una vez terminada la tormenta "el espacio se pobló de mariposas temblorosamente azules que oscurecieron el sol envolviéndolo en un gran ramaje, como si hubiera crecido de pronto en medio de nosotros, atónitos poetas, un gran árbol azul".[6]

En otro poema, "Una situación insostenible", de *El corazón amarillo*, (libro póstumo), una familia, los Ostrogodos, hablan tanto de sus muertos, que éstos empiezan a invadir su casa y apoderarse de ella:

> Entonces en aquella casa
> de oscuros patios y naranjos,
> en el salón de piano negro,
> en los pasillos sepulcrales,

se instalaron muchos difuntos
que se sintieron en su casa.
Lentamente, como ahogados
en los jardines cenicientos
pululaban como murciélagos,
se plegaban como paraguas
para dormir o meditar
y dejaban en los sillones
un olor acre de tumba,
un aura que invadió la casa,
un abanico insoportable
de seda color de naufragio.

Los Ostrogodos ceden cada vez más terreno a la invasión, la familia "fue retirándose del fuego, del comedor, del dormitorio":

Hasta que de tanto morir
ellos se unieron a los otros
enmudeciendo y falleciendo
en aquella casa mortal
que se quedó sin nadie un día,
sin puertas, sin casa, sin luz,
sin naranjos y sin difuntos.[7]

Podría haber en este poema un guiño al cuento "Casa tomada", de Julio Cortázar, publicado en *Bestiario*, de 1951.

En otro de los libros póstumos, *Defectos escogidos,* encontramos el poema "El gran orinador", donde una especie de deidad uránica, inescrutable y maldita, orina sin misericordia sobre la pobre humanidad sin paraguas:

Era una densidad, líquido espeso
lo que caía
como desde un caballo
y asustados transeúntes
sin paraguas
buscaban hacia el cielo,
mientras las avenidas se anegaban
y por debajo de las puertas
entraban los orines incansables

que iban llenando acequias, corrompiendo
pisos de mármol, alfombras,
escaleras.[8]

Estos ejemplos muestran la diversidad de tonos, de texturas y argumentos que hay en aquella poesía en la que Neruda relata historias, incursiones o viajes fantásticos.

Habría que preguntarse ahora por la procedencia de esta vertiente narrativa de la poesía nerudiana. Una de sus fuentes podría encontrarse en las historias que se contaban en los interminables inviernos del sur y que se habían venido transmitiendo por la tradición oral.

En el poema "Las supersticiones", de *Memorial de Isla Negra*, Neruda recuerda al tío Genaro Candia cuando regresaba de las montañas:

Don Genaro de poca lengua
sílaba a sílaba traía
sudor, sangre, espectros, heridas,
fuma que fuma, tío Genaro.
El dormitorio se llenó
de perros,
de hojas,
de caminos,
y escuché cómo en las lagunas
acecha un inocente cuero
flotante que apenas lo tocas
se convierte en bestia infernal
y te atrae hacia lo profundo,
hacia las desapariciones
allí donde viven los muertos
en el fondo de no sé dónde,
los decapitados del bosque,
los succionados por murciélagos
de alas inmensas y sedosas.
Todo era resbaladizo.
Cualquier sendero, un animal
que andaba solo, un fuego
que paseaba en las praderas.
un caminante a plena luna,

un zorro suave que cojeaba,
una hoja oscura que caía.

(...)

Pero no solo en la intemperie
acecha el Malo, el tenebroso.
En lo profundo de las casas
un gemido, un lamento umbrío,
un arrastrarse de cadenas,
y la mujer muerta que acude
siempre a la nocturna cita,
y don Francisco Montero
que vuelve a buscar su caballo
allá abajo, junto al molino
donde falleció con su esposa.

Y concluye el poeta:
Me quedé dormido en el Sur
muchas veces, oyendo la lluvia,
mientras mi tío Genaro
abría el saco oscuro
que traía de las montañas.[9]

En las vacaciones que pasaba en Puerto Saavedra, el niño también se quedó dormido escuchando lecturas:

Las Pacheco leían
en la noche *Fantomas*
en voz alta
escuchando
alrededor del fuego,
en la cocina,
y yo dormía oyendo
las hazañas,
las letras del puñal, las agonías,
mientras por vez primera
el trueno del Pacífico
iba desarrollando sus barriles
sobre mi sueño.[10]

Hay una transición interesante entre el escuchar un relato y el momento en que este envuelve completamente al niño: "y mi pequeño corazón entraba / en la total embarcación del sueño", recuerda el poeta.

En *Memorial...* su autobiografía poética, el poema que viene a continuación de "Las supersticiones" es "Los libros", lo que señala otra transición: del escuchar al leer. En este poema, Neruda evoca escenas que sin duda leyó:

> ...aquel momento mortal
> en las rocas de Víctor Hugo
> cuando el pastor casa a su novia
> después de derrotar al pulpo,
> y el Jorobado de París
> sube circulando en las venas
> de la gótica anatomía.
> Oh María de Jorge Isaacs,
> beso blanco en el día rojo
> de las haciendas celestes
> que allí se inmovilizaron
> con el azúcar mentiroso
> que nos hizo llorar de puros.[11]

Desde niño el poeta fue un gran lector de narrativa. Su imaginación se nutrió, inicialmente, con las novelas de Verne, Salgari y con *Las mil y una noches*. Según Rodríguez Monegal, el más poderoso estímulo para los afanes de lector de Neruda fueron sus primeros libros: "Búfalo Bill (del que después renegaría por motivos políticos); Emilio Salgari y las inagotables aventuras en un oriente de pacotilla; Jules Verne, que dejara sus fábulas tatuadas en la entraña del poeta y recibiría visible homenaje en algunas ilustraciones de *Estravagario*."[12]

En sus *Memorias* el poeta también habla de sus primeras lecturas: "Fui creciendo. Me comenzaron a interesar los libros. En las hazañas de Buffalo Bill, en los viajes de Salgari, se fue extendiendo mi espíritu por las regiones del sueño.[13]

En el colofón a la edición de dos poemas de Thiago de Mello, que Neruda traduce y publica en 1963, se encuentra un testimonio sobre la adquisición de uno de sus libros de esta primera época: "Mi (abuelo) materno, don Ventura de Basoalto (...) me compró el libro de *Las mil y una noches*, aquel primero, de Galland, en que cada cuento salía de una redoma, nos entraba por el alma y luego se iba por la ventana, a buscar a otros niños...[14]

En el poema "El sobrino de occidente", de *Cantos ceremoniales*, el poeta recuerda un episodio parecido:

> Cuando tuve quince años cumplidos llegó mi tío Manuel
> con una valija pesada, camisas, zapatos y un libro.
> El libro era *Simbad el marino* y supe de pronto
> que más allá de la lluvia estaba el mundo
> claro como un melón, resbaloso y florido...

En los recuerdos del joven Neruda la lectura aparece como una especie de refugio de la intimidad, que abre un pasaje hacia "las regiones del sueño", es decir a un territorio aún más íntimo o hacia el mundo. El niño lee a solas y busca los espacios y tiempos más privados —el dormitorio y la noche— para leer y escribir. La lluvia torrencial parece contribuir a su aislamiento:

> Mi padre no ha llegado. Llegará a las tres o a las cuatro de la mañana. Me voy arriba, a mi pieza. Leo a Salgari. Se descarga la lluvia como una catarata. En un minuto la noche y la lluvia cubren el mundo. Allí estoy solo y en mi cuaderno de aritmética escribo versos (...) Qué soledad la de un pequeño niño poeta, vestido de negro, en la frontera espaciosa y terrible. La vida y los libros poco a poco me van dejando entrever misterios abrumadores.[15]

Desde esa habitación, perdida en el sur del mundo y aislada por la lluvia, el niño poeta inicia sus viajes imaginarios por el mundo. Más tarde seguirá leyendo literatura fantástica, como los cuentos de Poe, los libros de Lewis Carroll o de Lautreamont.

Además de ser un gran lector, Neruda fue bibliófilo, coleccionista de libros raros y curiosos, no solo de literatura. En sus bibliotecas se encuentran muchos libros escritos en idiomas que él no conocía, como latín, alemán, flamenco, pero que tienen grabados o mapas como componentes importantes de la obra. El poeta aprendió tempranamente a leer las imágenes, de ahí su afición por los libros ilustrados de viajes, los atlas antiguos y los libros de historia natural con grabados y láminas de especies de la zoología real y fantástica. Tuvo, además, libros que podrían incluirse dentro del género de "imaginación fantástica", en el que destaca el caricaturista e ilustrador Jean-Ignace Isidoro Gérard, más conocido con el seudónimo de Grandville, que es una especie de continuador, en el siglo XIX, de los trabajos de Breughel. Grandville realizó álbumes notables sobre la base de su observación del mundo animal y vegetal, en los que creó curiosas metamorfosis de animales con personas y antromoporfizó las flores, construyendo, finalmente, un mundo disparatado.

Asimismo, algunos de los relatos autobiográficos de Neruda son notables como piezas narrativas. Es el caso del capítulo "La casa de las tres viudas", de *Confieso que he vivido*, en el que el joven poeta sale a caballo de su casa, como lo hacen los personajes del relato popular o de los cuentos de hadas.[16] La noche lo sorprende en el camino y pide albergue en una casa extraordinaria para esos parajes rurales y desolados. Ahí viven tres viudas. Una de ellas le abre las puertas de la casa y luego las de un salón con "bellas lámparas *art noveau*, de opalina y bronces dorados" y con cortinas rojas que cubrían las altas ventanas. "Aquel era un salón de otro siglo, indefinible e inquietante como un sueño" —escribe Neruda— "La nostálgica dama de cabellera blanca, vestida de luto, se movía sin que yo viera sus pies, sin que se oyeran sus pasos, tocando sus manos una cosa u otra, un álbum. Un abanico, de aquí para allá, dentro del silencio". "Me pareció haber caído en el fondo de un lago y en sus honduras sobrevivir soñando, muy cansado" —agrega el poeta, aludiendo a esos relatos de mundos y personajes sumergidos en el agua.[17]

En éstos y en otros textos narrativos, Neruda muestra una extraordinaria habilidad para situar sus relatos en una zona ambigua, entre la realidad y el sueño, para escribir en clave simbólica y poética, y a la vez contar una historia.

Una mención especial merece el libro *La espada encendida*. El mismo Neruda, al resumir su argumento lo califica como una fábula. Lo interesante es que en esta fábula confluye una variedad incitaciones que vienen desde la juventud del poeta. Un antecedente ineludible es, una vez más, una de sus lecturas: el cuento "El incendio terrestre", de Marcel Schwob, que Neruda tradujo para la revista *Zig-Zag*, en 1923. En este relato el mar y el cielo arden como consecuencia de un cataclismo universal. Una pareja de jóvenes, los nuevos Adán y Eva huyen en una barca, en medio del infierno terrestre, lo mismo que Rhodo y Rosía, la pareja de *La espada encendida*.

En este libro se encuentran, además, marcas de otras lecturas: de relatos bíblicos, de leyendas tradicionales americanas, como la de la Ciudad de los Césares, y de la colección de libros sobre viajes, crónicas y descripciones de la Patagonia que reunió Neruda.

La espada encendida se sitúa dentro de lo que Enrico Mario Santí llama "la modalidad apocalíptica" que adoptó Neruda a partir de *Fin de mundo* (1969) y que se prolonga en *La espada encendida* (1970) y en *2000* (1974). Santí hace notar que ya en *Canto general* (1950) Neruda "incorpora múltiples reminiscencias de lugares comunes bíblicos"[18], desde la cosmogonía hasta el discurso profético admonitorio. Pero si en el horizonte de *Canto general* se divisa una lucha escatológica entre los pueblos y los oligarcas, lucha que terminará con la victoria de los primeros, con la consiguiente purgación del mal de la humanidad y con el nacimiento de un mundo renovado, en *La espada encendida* "grandes devastaciones" han exterminado a los hombres, tanto a los buenos como malos, y un cataclismo volcánico amenaza terminar con la única pareja sobreviviente, la que aún podría darle a la especie humana otra oportunidad.

Neruda vivió en la época de la guerra fría, donde el exterminio del hombre por la guerra atómica, era una amenaza permanente, a la que el poeta alude más de una vez en su libro *Fin de mundo*. Pero, además, la naturaleza sísmica del territorio chileno, y la abundancia de volcanes que hay en su extensa cordillera, siempre están haciendo presente su potencial apocalíptico.

Finalmente está el tema del amor: "Ciento treinta años tenía Rhodo, el viejo. / Rosía, sin edad era una piedrecita / que el mismo viento de Nahuelbuta amarga / hubiera suavizado como una intacta almendra..."[19]

La fábula de *La espada encendida*, la historia post apocalíptica de los últimos amantes de la tierra, podría ser una trasfiguración literaria del último amor del poeta ya de sesenta y cinco años, por la joven Alicia Urrutia.

Se impone aquí una comparación con el otro poemario del amor secreto, *Los versos del capitán*, que Neruda publicó durante un tiempo en forma anónima. En este libro el amante se representa, además, como el Capitán, soldado de una de las batallas de la guerra escatológica por la regeneración del hombre y del mundo, que se insinúa en *Canto general*. Como advierte el profesor Hernán Loyola en *La espada encendida* "los amantes no renacen a partir de la transformación revolucionaria de la historia, como el Capitán (de *Los versos del capitán*), sino a partir del rechazo total de la historia contemporánea."[20]

En fin, la biografía, los paisajes que habitó y las lecturas del poeta son las fuentes de esta vertiente de su poesía, la del relato fantástico, que transcurre en silencio asomándose a veces, tímidamente, entre los grandes caudales de su poesía amorosa y política, y de su gran inventario poético del mundo.

Notas

1. "El puente que anda", en *Pablo Neruda, Obras completas*, Tomo IV, Nerudiana dispersa I, 239.
2. "Oda a una estrella", en *Pablo Neruda, Obras completas*, Tomo II, 533-535.
3. "Oda al mar", en *Pablo Neruda, Obras completas*, Tomo II, 161.
4. "Sucedió en invierno", en *Pablo Neruda, Obras completas*, Tomo II, 697-699.
5. "XXIV", en *Pablo Neruda, Obras completas*, Tomo III, 640.
6. "V", en *Pablo Neruda, Obras completas*, Tomo III, 627-628.
7. Una situación insostenible, en *Pablo Neruda, Obras completas*, Tomo III, 640.
8. "El gran orinador", en *Pablo Neruda, Obras completas*, Tomo III, 896.
9. "Las supersticiones", en *Pablo Neruda, Obras completas*, Tomo II, 1166-1168.
10. "Los Pacheco", en *Pablo Neruda, Obras completas*, Tomo II, 1159.
11. "Los libros", en *Pablo Neruda, Obras completas*, Tomo II, 1169.
12. Rodríguez Monegal, 34-35.
13. *Confieso que he vivido*, en *Pablo Neruda Obras completas*, Tomo V, Nerudiana dispersa II, 406.
14. Colofón (sobre los abuelos del autor y del traductor. Dos poemas de Thiago de Mello traducidos por Pablo Neruda, en *Pablo Neruda, Obras completas*, Tomo V, Nerudiana dispersa II, 1272.
15. *Confieso que he vivido*, en *Pablo Neruda Obras completas*, Tomo V, Nerudiana dispersa II, 415.
16. Esto lo ha hecho notar el profesor Hernán Loyola en *Neruda, La biografía literaria I. La formación de un poeta, 1904-1933* (Santiago: Ed. Planeta chilena, 2006).
17. La casa de las tres viudas, *Confieso que he vivido*, en *Pablo Neruda, Obras completas*, Tomo V, Nerudiana dispersa II, 421.
18. Santí, 366.
19. *La espada encendida*, XI, en *Pablo Neruda, Obras completas*, Tomo III, 555-556.
20. Hernán Loyola, notas a *La espada encendida*, en *Pablo Neruda, Obras completas*, Tomo III, 988.

Bibliografía

Loyola, Hernán. 2006. *Neruda, La biografía literaria I. La formación de un poeta, 1904-1933*. Santiago: Ed. Planeta chilena.

Neruda, Pablo. 1999-2002. *Obras completas* I-V. Edición a cargo de Hernán Loyola. Barcelona: Editorial Galaxia Gutenberg/Círculo de Lectores.

Santí, Enrico Mario. 1978. "Neruda: la modalidad apocalíptica" en *Hispanic Review*, vol 46, n° 3 (Summer): 366.

Borges, Baroja, Neruda:
Tres escritores y un mismo impostor

Luis Iñigo-Madrigal
UNIVERSITÉ DE GENÈVE

*Truth is stranger than fiction, but it is because Fiction is
obliged to stick to possibilities; Truth isn't.*
Mark Twain, "Pudd'nhead Wilson's New Calendar", *Following the Equator*

EN LOS PRIMEROS MESES de 1863 los periódicos británicos publicaron un remitido que decía: *Si alguien puede dar alguna pista sobre Roger Charles Tichborne, y sobre si hay algún sobreviviente del* Bella, *se le ruega que informe a L.T., en Nottingham-Place 1.*

Quien solicitaba información, apenas oculta tras las discretas iniciales L.T., era Lady Tichborne (Henriette Felicité Seymour); y el buscado, su hijo Roger Charles Tichborne, habido con su esposo el baronet Sir James Francis Doughty-Tichborne, y nacido en 1829.

La familia Tichborne, de confesión católica, ostentaba un largo abolengo aristocrático y era muy conocida por una tradición que se remonta a mediados del siglo XII. Lady Mabella Tichborne estaba muriendo y su esposo, Sir Roger, consintió en donar a los necesitados, anualmente, el grano producido en todas las tierras que su esposa pudiera recorrer con una antorcha encendida. Lady Mabel se levantó de su lecho de muerte, logró arrastrarse por una extensión de nueve hectáreas antes de que la antorcha se apagara y, ya agonizante, profetizó que la Casa Tichborne se derrumbaría si la donación era interrumpida.

El heredero de esa familia, Roger Charles, que estaba llamado a ser el undécimo *baronet* Tichborne, pasó parte de su juventud en Francia, estudió durante más de tres años en el colegio jesuita de Stonyhurst en Inglaterra, y sirvió en el ejército inglés entre 1849 y 1852; tras lo cual (movido por los obstáculos encontrados en su relación amorosa con su prima, Katherine Doughty) emprendió un viaje a Sudamérica a bordo del velero francés *La Pauline*, que zarpó de La Havre, el 1º de marzo de 1853 y fondeó en Valparaíso el 19 de junio de ese mismo año. Tichborne recorrió Chile, hizo un viaje al Perú y regresó a Valparaíso a finales de 1853. Desde la capital del país Roger Charles envió a su familia dos copias de un daguerrotipo con su retrato, hecho allí. A principios de 1854 atravesó la Cordillera de Los Andes, camino a Buenos Aires y, desde la ciudad rioplatense, escribió a un pariente comunicándole que viajaría primero a Brasil y luego, por mar, a Jamaica y México. El 20 de abril Roger Charles Tichborne embarcó en Río de Janeiro en un navío llamado *Bella*, que naufragó cuatro días después. Todos los pasajeros fueron dados por muertos, pero circularon rumores de que otro barco había recogido a algunos sobrevivientes y los había llevado a Australia.

Lady Henriette Felicité creyó siempre que su hijo estaba vivo y (tras la muerte de su esposo, en 1862) inició su búsqueda por medio de anuncios en periódicos ingleses, que extendió después a los australianos. Sir James había dejado en herencia no sólo su título, sino una renta de 10.000 libras esterlinas al año, numerosas propiedades y otros bienes que pasaron al segundo hijo del matrimonio, Alfred Joseph, que fallecería a su vez en febrero de 1866, dejando título y rentas a su pequeño primogénito. En octubre de 1865 Lady Henriette había recibido noticias de Roger Charles. Vivía y estaba deseoso de regresar al hogar familiar. El supuesto *baronet* llegó a Londres el día de Navidad de 1866 acompañado por Andrew Bogle, antiguo esclavo jamaicano y después valet de Sir Edward Dougthy Tichborne, tío de Roger Charles. Bogle era quien había firmado la carta anunciando a Lady Henriette el regreso de su primogénito:

Señora, tengo el honor de participar a usted que sir Roger Charles Tichborne y su esposa se hallan en Sídney con su hija de seis meses y se embarcarán para Europa el 1º de septiembre de 1866 a bordo del Panamá *a New Zealand. Sir Roger se dirigirá directamente a París para ver a su madre; yo mismo acompañaré a su esposa desde Southampton hasta Upton.*

Cuando finalmente el pretendido Sir Roger viajó a París y se encontró con Lady Henriette, que residía allí, esta (sin dejarse impresionar por los toscos modales, la falta de educación, el desconocimiento del francés y el desmedido sobrepeso del aparecido) le reconoció de inmediato como su hijo, le acogió con cariño, le asignó una renta de mil libras esterlinas anuales y le entregó los diarios y cartas que Roger Charles había escrito durante su permanencia en Sudamérica. El resto de los miembros de la familia Tichborne, por el contrario, se mostró firmemente convencido, desde un principio, de que se trataba de un impostor. Tras la súbita muerte de Lady Henriette, en 1868, el supuesto heredero fue demandado como perjuro. Un primer juicio se desarrolló entre mayo y marzo de 1872 y en él el demandante fue declarado culpable del cargo de perjurio y arrestado. Un segundo juicio tuvo lugar entonces para dictaminar la pena del reo: comenzó el 21 de abril de 1873 y terminó el 28 de febrero de 1874; para entonces el demandante había contraído enormes deudas, que trató de cubrir con la emisión de unos peculiares bonos. El segundo juicio concluyó con la condena del pretendiente a catorce años de prisión. Liberado en 1884 publicó, diez años después (1895), una confesión en que reconocía su delito, pero se desdijo de ella al poco tiempo. El 2 de abril de 1898 murió, en un miserable albergue de Marylebone; más de cinco mil personas asistieron a su funeral. Su ataúd ostentaba, con la debida autorización de la familia del *baronet*, una placa en la que se leía "Roger Charles Tichborne".

* * *

Entre 1868 y 1884, esto es, en los más de quince años que duraron los juicios y la prisión del presunto falsario, aparecieron en los periódicos del Reino Unido más de cuatro mil noticias sobre "el caso del falso demandante" (y varios miles más en los periódicos europeos, americanos y australianos). Los pormenores del litigio se convirtieron en reiterado tema de conversación en las tertulias británicas. En 1874 Sir Alexander James Edmund Cockburn publicó en Londres, *The Tichborne Trial: The Summing-up by the Lord Chief Justice of England. Together with the addresses of the Judges, the Verdict, and the Sentence, the whole accompanied by a History of the Case, and Copious Alphabetical Index;* y entre 1876 y 1879 vieron la luz los siete formidables volúmenes, "profusamente ilustrados", de *The Trial at Bar of Sir Roger C. D. Tichborne*, a los que precede un boceto biográfico del acusado.

En el proceso legal se llamó al estrado a centenares de testigos (entre los que se contaba, por ejemplo, el capitán Richard Burton, explorador y traductor al inglés de *Las mil y una noches*) y se conocieron una serie de detalles (a menudo contradictorios) sobre la historia y las peculiaridades del demandante y de Roger Charles Tichborne.

La acusación sostuvo que el demandante era en realidad Arthur Orton, nacido el 20 de marzo de 1834, hijo de un carnicero del barrio londinense de Wapping, que se había hecho a la mar siendo adolescente y, el 25 de junio de 1849, había desertado en el puerto de Valparaíso. Dos años después llegó a Tasmania, en un barco llamado *Middleton* y pronto se trasladó desde allí a Australia continental, trabajando en ella hasta 1857, año a partir del cual no se tenían más noticias sobre él. Una ex novia, Mary Ann Loder, identificó al demandante como Orton, si bien la defensa del acusado insinuó que había sido pagada para ello.

El acusado, por su parte, alegó que tras el naufragio de la *Bella* él y otros sobrevivientes fueron recogidos por un navío, el *Osprey*, que los condujo hasta Melbourne. Un individuo que decía haber sido el cocinero del barco que rescató y condujo a Australia al demandante reconoció a este como náufrago de la *Bella*; sin embargo, el supuesto cocinero tenía un largo historial de delitos y condenas y su declaración fue recusada. En Australia el pretendido Tichborne dijo haber adoptado el nombre de Thomas Castro, tomando el apellido de una familia de la pequeña localidad chilena de Melipilla que le había acogido durante su permanencia en el país austral; sin embargo, varios testigos declararon en el juicio que Roger Charles Tichborne no estuvo jamás en Melipilla. Después de un tiempo en Melbourne, el demandante (según su relato) se había establecido como carnicero en Wagga Wagga, lugar en el que había esposado a una criada embarazada, Mary Ann Bryant, adoptando a la hija de esta como propia. El demandante sostuvo, además, que había conocido en Australia a Arthur Orton y había llevado a cabo con él actividades poco legales, en el curso de las cuales intercambiaron en ocasiones sus nombres para confundir a las autoridades.

De las pruebas presentadas en el juicio hubo algunas particularmente llamativas. Según recordaban muchos de sus parientes y amigos, Tichborne tenía tatuados, en el brazo izquierdo y en color azul, una cruz, un corazón y un ancla (emblemas de la fe, la esperanza y la caridad) y en el mismo brazo ostentaba otro tatuaje con las iniciales R. C. T.; los médicos que examinaron al demandante no encontraron en él ningún rastro de esas marcas. Otros rasgos del físico de Tichborne y del demandante (un pulgar y una uña de extraña conformación; una herida en un brazo; una mancha marrón en el costado) fueron invocados para establecer semejanzas o, sobre todo, diferencias entre ambos. Un grafólogo comparó la escritura del pretendiente con la del joven Roger Charles y llegó a la conclusión de que las cartas firmadas por Tom Castro, Arthur Orton y el pretendiente eran de la misma mano, y que no mostraban ninguna de las particularidades que distinguían la escritura del *baronet*.

Entre los muchos testigos que fueron llamados a declarar había antiguos compañeros de armas de Roger Charles, de los cuales algunos reconocieron en el demandante a Tichborne, otros negaron cualquier parecido entre ambos y hasta hubo quien varió su parecer a lo largo del juicio. Lo mismo sucedió con los parientes y criados del *baronet* y con los familiares y amigos del pretendiente. Pero hubo tres testimonios que despertaron especial expectación: los de Andrew Bogle, Clara Nores Hayley y Tomás Castro.

Como sabemos, Andrew Bogle era un esclavo de una plantación caribeña que, ya manumiso, había sido valet de Sir Edward Dougthy Tichborne, padre de Katherine Dougthy y tío de Roger Charles. Tras su retiro Bogle había emigrado a Australia y allí, en Sídney, encontrado al pretendiente a quien primero no reconoció como el desaparecido *baronet*, aunque pronto cambió de idea y permaneció fiel a su nueva convicción hasta el final de su vida. Como ex sirviente de Tichborne las declaraciones de Bowle fueron particularmente consideradas en el juicio; se convirtió en uno de los principales sostenes del demandante y en un testigo clave. La opinión pública se dividió entre aquellos que le consideraban un anciano honesto y los que, por el contrario, creían que era un pícaro redomado, que había instruido al pretendiente en los detalles de la vida del *baronet*. Andrew Bogle murió en el distrito londinense de St. Pancras en 1877 y parece haber sido enterrado en una fosa común; ningún registro de su funeral ha sido encontrado.

Doña Clara Nores de Hayley, viuda de un médico inglés que había ejercido en Melipilla, formaba parte del nutrido grupo de personas que fueron interrogadas, en su lugar de residencia (en Chile y en Australia) por una comisión de la Corte de del primer juicio, entre octubre de 1868 y enero de 1869. Muchas de esas personas fueron llamadas a testificar en el segundo juicio, con los gastos de viaje pagados. Doña Clara vivía en Melipilla en la época en que el demandante sostenía haber estado allí. Declaró recordar la llegada a la localidad, en 1852 o 1853, de un joven inglés que permaneció en el lugar alrededor de año y medio; tendría unos dieciséis años, llevaba el uniforme de marinero y dijo llamarse Arthur Orton. Después de examinar al pretendiente Doña Clara agregó: "Este es el hombre que vivía en mi casa. Creo que recuerdo que tenía una marca en el brazo, a pocos centímetros de su puño, pero no sé en qué brazo; eran dos letras, le pregunté qué significaban, y me dijo, Arthur Orton. Nunca le oí el nombre Tichborne".

José Tomás Castro, el melipillano cuyo nombre utilizó el pretendiente durante su estadía en Australia, asistió como espectador a una audiencia y en el trascurso de ella miró con frecuencia e inquietud al acusado. Era un hombre de unos sesenta años, alto, delgado, con cabello corto y gris y un poblado bigote blanco; vestía una levita negra y tenía apariencia militar. La atención con que miró al demandante y el hecho de que su nombre hubiera sido utilizado por este, hicieron que su testimonio, previsto para el día siguiente de esa primera aparición, fuera esperado con enorme interés. Pero Don Tomás no compareció. Samuel Mills, médico londinense llamado a declarar por la Corte, dijo que había atendido a Castro en los últimos días y que, a su juicio, no estaba en condiciones mentales de ser interrogado. También se exhibió una carta del hijo del ausente, Pedro Castro, fechada en octubre de 1868, en la que se declaraba que este estaba por entonces internado en la Casa de Orates de Santiago de Chile. Finalmente, José Tomás Castro regresó a Chile sin haber testificado.

A esos tres testigos relevantes hay que agregar otro, salvo que este no compareció en el segundo juicio. El reverendo James Meyrick, sacerdote católico de la orden jesuita, había sido llamado como testigo por la defensa del demandante en el primer juicio y declaró entonces haber conocido a Roger Charles Tichborne cuando este era un joven estudiante. A pesar de que su opinión sobre la educación, la cultura y la inteligencia del futuro *baronet* era particularmente negativa, defendió con gran vehemencia que el demandante era, efectivamente, Tichborne y que quienes sostenían lo contrario formaban parte de una confabulación. Su grandilocuencia y otros excesos no impidieron que las declaraciones del padre Meyrick tuvieran gran repercusión. Cuando comenzó el segundo juicio, el Reverendo Meyrick hizo constar que estaba dispuesto a repetir en él lo dicho en el primero. Pero su orden dictaminó que padecía un desequilibrio mental y lo confinó en un asilo del cual Meyrick logró escapar; fue recapturado y encerrado en un convento agustino, donde permaneció recluido hasta que terminó el segundo juicio. Esos hechos, sumados a la condena del pretendiente, suscitaron una gran protesta popular que, por un momento, se creyó derivaría en desórdenes públicos, por lo que se movilizó a la policía. Nada sucedió, sin embargo y, con el trascurrir de los días, la repetida conmoción provocada por los pormenores del juicio y su sentencia fue remitiendo.

* * *

Naturalmente ese folletinesco laberinto de verdades, medias verdades y mentiras que he resumido a grandes rasgos en los párrafos precedentes a—y que se conoce como "el caso Tichborne"—, con sus personajes plagados de contradicciones y titubeos, sus peripecias y cambios de fortuna (en sentido real y figurado), sus variados y a veces exóticos escenarios, ha tenido una vasta descendencia. No solo de innumerables libros dedicados a reconstruir, interpretar o analizar los hechos desde un punto de vista histórico, psicológico o periodístico, sino también de obras más o menos artísticas basadas en él: novelas como *The American Claimant* (1892) de Mark Twain; películas como la australiana *The Tichborne Affair* (1978), o la británica *The Tichborne Claimant* (1998), dirigida por David Yates; canciones como "The Tichborne Claimant" (1995), del grupo australiano The Lucksmiths, cuyos últimos versos dicen: "*And outside every thin man / Is another man who's fat. / Only a mother could love a face like that*", episodios de series televisivas y radiofónicas, como *The Principal and the Pauper* (1997) de *Los Simpsons*, o el de la serie estadounidense *Mysteries At The Castle*, emitido el 16 de febrero de 2014, o el de la radiofónica y británica *S'laughter: True Crime Podcast*, transmitido el 28 de mayo de 2017.

Además, al menos tres relatos en español: "El impostor inverosímil Tom Castro" (1933), de Jorge Luis Borges; *Los impostores joviales* (1941), de Pío Baroja; "El Barón de Melipilla" (1969), de Pablo Neruda.

***

Tanto Borges cuanto Neruda mostraron en su juventud una reticente atracción por Baroja, que parece haberse mitigado con los años; ninguno de los dos debe haber conocido personalmente al novelista español, por más que en la novela de Francisco Lucas Sansón *Salmos del Café Viena*, el chileno participe en la tertulia de los hermanos Baroja, en la panadería que estos regentaban en el Madrid de los años treinta. Borges y Neruda sí se conocieron personalmente, en el Buenos Aires de finales de los años veinte intercambiaron cartas y elogios en sus años mozos y se distanciaron llegados a la edad madura. Nunca dejaron de respetarse como poetas, según se sigue de diversas declaraciones y entrevistas (Aguirre, Burguin, Guibert, etc.), por más que la enemistad entre ambos ocupa los ocios de muchos críticos: en el origen de ella, sostiene una biografía de Borges —curiosamente no impresa en papel cuché— está una mujer: Norah Lange; entre sus pretendidas consecuencias (y pruebas) una maligna alusión en un cuento de Borges: varios estudiosos —encabezados nada menos que por Harold Bloom han sostenido que en *El Aleph* borgiano, el protagonista Carlos Argentino Danieri y su ficticia obra, encierran una larga referencia burlona a Neruda y su *Canto General*, sin reparar demasiado en que este fue publicado en 1950 y aquel en 1945 (aunque algún poema incluido en *CG* había aparecido con anterioridad).

* * *

Si entre Baroja, Borges y Neruda existieron escasas relaciones personales, aun menores son las existentes entre los textos que los tres escribieron inspirados en "el caso Tichborne", salvo (y esto a muy gruesos trazos) en el asunto de ellos, conocido a través de fuentes diversas.

Como dejó establecido Emir Rodríguez Monegal, el relato borgiano "El impostor inverosímil Tom Castro" procede de la lectura de un artículo del volumen 26 de la undécima edición de la *Enciclopedia Británica* (1911), firmado por T. Se[combe].; así consta en el "Índice de las fuentes" de la primera edición de *Historia universal de la infamia*. Ahora bien, como también anota Rodríguez Monegal, por una curiosa errata, en las ediciones posteriores del libro se indica que la fuente de ese relato es "*The History of Piracy*, by Phillip Gosse, London, Cambridge, 1911", que repite la fuente del siguiente texto en la *Historia universal* (esto es, "La viuda Ching, pirata"), cambiando su fecha; la errata, rastreada por Monegal hasta la edición de las *Obras Completas* de Borges en 1978, se ha corregido posteriormente. Cabe hacer aún alguna precisión: Monegal escribe:

> Secombe nada dice de la fecha exacta del nacimiento de Orton; Borges la precisa (o inventa): Junio 7, 1834, para crear un efecto de verosimilitud biográfica. La verdad biográfica, según se estableció en el juicio y consta en diversos documentos, es que Orton nació el 20 de marzo de 1843. No es la única fecha inventada por Borges, también otras que el artículo de la *Britannica* no establece: la de la muerte de Lady Tichborne (que, dice Borges, murió en 1870, pero que falleció en 1868) y la de la llegada de Orton a Australia (en 1851 según la historia, en 1861 según Borges), de lo que se puede deducir que el autor argentino tuvo como única fuente la *Britannica*.

Por su parte *Los impostores joviales*, de Baroja, es una narración enmarcada que establece en el marco su (ficticia) fuente: en una librería de viejo del Havre, a finales del verano de 1939, charlan varios personajes de diversas nacionalidades y la conversación recae en historias de impostores célebres: dos de los contertulios hablan del caso de la Lady inglesa millonaria a la que engañaron y de sus versiones diversas parte (ficticiamente) la historia narrada, no sin que antes el narrador advierta:

> Es seguramente muy probable que, al recordar y transcribir el relato que contaron a medias monsieur Martin... y el capitán Taillepied, haya confundido los datos, las fechas y los lugares y que...haya equivocado yo el nombre de una aldea con el de una persona y haya estampado alguno que otro absurdo, o alguno que otro anacronismo...

Efectivamente, como apuntó José Alberich, "la novelita de Baroja constituye una versión muy alterada de los hechos reales" y, por consiguiente, resulta difícil establecer sus fuentes. El mismo Alberich sugiere que "es posible que Baroja leyese algo sobre ello en alguna de las colecciones de causas criminales célebres que poseía", aunque, aventura, es más plausible suponer "que el novelista se sirvió de una tradición oral necesariamente borrosa e imprecisa". A pesar de que *Los impostores joviales* abunda en distorsiones (la familia Tichborne se llama Seymour; lady 'Seymour' no es Henriette, sino Hortensia; no es la madre, sino la abuela del desaparecido Carlos 'Seymour'; el demandante no viene de Australia, sino de California; es violinista y no carnicero; se apellida pretendidamente Ostrovsky —pero en realidad Kramer— y no Orton etc.) no parece que la suposición de una "tradición oral" sea acertada. Hay algunos detalles, que sería tedioso examinar aquí, y ellos (a más del párrafo citado), sugieren la lectura de algunos documentos sobre "el caso Tichborne". Quizá en la biblioteca de los Baroja, en Vera de Bidasoa, se encuentren los que sirvieron de fuente al escritor vasco.

"El barón de Melipilla", de Neruda, el más breve de los tres textos a los que estamos refiriéndonos, es, sin embargo, el que más datos históricos sobre "el caso Tichborne" incluye: menciona el retrato que el *baronet* se hizo en Santiago de Chile y lo describe; menciona cuanto tiempo estuvo en Melipilla; describe el retrato de lady Tichborne; enumera los testigos melipillanos que declararon en el juicio; habla del sacerdote jesuita Meyrick y sus avatares; resume las peripecias del demandante, etc. Neruda no dice de dónde saca esas informaciones, pero en su biblioteca (conservada hoy en la Fundación que lleva su nombre) hay dos libros sobre "el caso Tichborne": *The Tichborne Romance*, "un informe completo y preciso de los procedimientos en el juicio extraordinario e interesante de Tichborne", publicado en 1871, y *The Tichborne Case*, de Frederick Herbert Maugham, aparecido en 1936; ambas obras son raras, pero la primera de ellas puede consultarse en la Red. El poeta obtuvo gran parte de la copiosa documentación que maneja en las páginas de *The Tichborne Romance*, si bien esa obra carece de ilustraciones y sí las tiene, en cambio, según su descripción bibliográfica, el libro de Maugham; a más de ello, en *The Tichborne Romance* no figura el Padre Meyrick que acaso se menciona en *The Tichborne Case*. Agreguemos un dato anecdótico: Benjamín Vicuña Mackenna fue un historiador chileno decimonónico profundamente admirado por Pablo Neruda: "el más grandioso de nuestros escritores, el titán americano de las letras, el imponderable, increíble, montañoso Vicuña Mackenna" le llamó Neruda en una de las múltiples ocasiones en que invocó su nombre. Y fue curiosamente Benjamín Vicuña Mackenna el primer escritor chileno (y aún se podría arriesgar que hispanoamericano) en referirse al "caso Tichborne". En una crónica sobre "La herencia de los Chadwick en Chile", publicada en septiembre de 1880, el historiador compara los vericuetos de aquella herencia con "algunas de las peripecias del famoso juicio de Rogelio Tichborne, el impostor millonario que paga hoy su perjurio en una penitenciaría de Inglaterra".

* * *

La disparidad de fuentes —que Hernán Loyola había ya percibido entre los relatos de Borges y Neruda— hace que las diferencias entre los tres textos sean mucho mayores que las similitudes. Esas diferencias, sin embargo, comienzan por una que no tiene relación con las fuentes: el tipo de relato por el que optan las tres obras. La de Borges es un cuento, en que los hechos reales se entremezclan con otros imaginarios; la de Baroja una novela corta, con un proceso épico mucho más amplio que el de los otros dos textos; la de Neruda, en rigor, una crónica, una narración histórica notablemente más verídica que los dos relatos anteriores.

La elección del tipo de narración es solo una de las muchas que determinan la diversidad de los tres textos. Otras nacen de que Borges, Baroja y Neruda seleccionan, de la historia que conocen (pero esa historia no es idéntica para los tres), parte de los *elementa narrationis* que van a utilizar en sus relatos y combinan esos elementos de diversas maneras, entre sí y con otros que son ajenos a la historia.

En "El impostor inverosímil Tom Castro" Roger Charles Tichborne tiene un papel casi secundario: más atención merece la figura y la historia de Arthur Orton (alias Tom Castro), que ocupa el título y los primeros párrafos del cuento; y muchísima más la del sirviente negro Andrew Bogle. El artículo de la *Britannica* que sirve de fuente no da el nombre de pila de Bogle y Borges lo rebautiza Ebenezer (esto es, "piedra de socorro"), nombre bíblico (*1 Samuel*, 7, 11-12) que subraya el protagonismo del personaje. Él es quien concibe el "proyecto genial" de presentar a Orton como el desaparecido *baronet*, utilizando paradojalmente la falta de cualquier parecido entre ellos, y su caracterización y fortuna (que no guardan ninguna relación con la verdad) son el sustento de la narración. El encuentro de Tom Castro y Bogle (que no se conocen hasta ese momento), en Sídney, da paso a la historia de Roger Charles Tichborne; esta comienza con el naufragio del aristócrata, la resistencia de Lady Tichborne a darlo por muerto y la búsqueda de él que emprende. Se trata enseguida del proyecto concebido por Bogle para que Castro suplante al desaparecido; la llegada del impostor a París, su reconocimiento por Lady Tichborne y, tras la muerte de esta, la demanda de la familia contra Castro y el juicio. La inesperada muerte de Bogle aniquila a Castro que es condenado y encarcelado. Tras salir de prisión se dedica a dar conferencias en que indistintamente afirma su inocencia o su culpa; finalmente, el 2 de abril de 1898, muere. Hay un motivo que recorre todo el texto: el temor (trágicamente cumplido) de Bogle a morir bajo las ruedas de un carruaje, que no tiene asidero documental.

En *Los impostores joviales*, como sabemos, todos los elementos del "caso Tichborne" han sido metamorfoseados y la narración se nutre de multitud de partes ajenas a lo historia real. Hay unas largas páginas iniciales en que se traza prolija e imaginativamente la historia de Lady (Tichborne) Seymour y su familia. Su nieto Carlos Seymour es "aventurero y romántico, valiente y duro", y ya se le conoce como "escritor demócrata y entusiasta del pueblo" cuando embarca hacia América. Recorre el sur del continente, desde la Patagonia, hasta las repúblicas de Centroamérica; va a México y desde allí a California; decide volver a Europa y embarca en un navío, el Britannia, que naufraga y todos sus pasajeros se dan por muertos. Lady Seymour no cree que su nieto haya perecido y encarga su búsqueda a una agencia especializada: "Las alas de la esperanza". Dos agentes de ella reciben el encargo de buscar al desaparecido: dos "camanduleros" llamados Jorge David Black y Tomás Hunt, que viajan primero a la costa pacífica de Sudamérica y luego a San Francisco y allí encuentra, dicen, a un joven que parece ser Carlos: es un violinista que se hace llamar Carlos Ostrowski. Ostrowsky viaja a Europa y es reconocido por su supuesta abuela como el nieto desaparecido, aun cuando su físico, su carácter y su cultura difieren mucho de los de aquel. Es, por cierto, un impostor (cuya historia no tiene ningún punto de contacto con la de Arthur Orton) al que los dos agentes de "Las alas de la esperanza" han convencido para perpetrar el engaño y David Black ha instruido para desempeñar el papel del desaparecido, según confiesa Ostrowsky en Europa a una muchacha, Alicia, de la cual se enamora. Carlos, a instancias de su abuela, demanda a su hermano Eduardo para recuperar la herencia paterna que había pasado a manos de este. Lady Seymour, enterada de la superchería por Alicia, desiste del juicio y le dice a Carlos que se case con la muchacha y se vayan los dos a vivir con ella. El relato termina con una alegre cena en que participan los dos recién casados, el abogado de Lady Seymour y los agentes Black y Hunt. No existe, en la novela de Baroja, mención alguna de Andrew Bogle (aunque un miembro de la familia Seymour, el tío Gastón, "tenía un pobre ayuda de cámara, antes hortelano", y el "director de la tramoya" se apellide Black).

Tampoco en "El barón de Melipilla" aparece Andrew Bogle. Pero, a diferencia de los otros dos relatos, en el de Neruda se deja entrever que Thomas Castro era verdaderamente Roger Charles Tichborne. El texto se inicia con el anuncio periodístico (notoriamente ampliado con respecto al verdadero) de búsqueda del *baronet*; menciona su permanencia en Melipilla; se refiere a "un hombre de oficio carnicero, conocido por Tom o Thomas Castro" que vive en Australia hacia 1865 y que dice "ser inglés y náufrago", confesión que alguien comunica a Lady Tichborne; Castro viaja a Europa y su supuesta madre le reconoce, pero la familia "en la que recaería la fortuna de los Tichborne" presenta una demanda contra quien, asegura, es un impostor. En el juicio el demandado, que se muestra inseguro, no tiene el favor de los jueces. Muchos testigos (y entre ellos un nutrido grupo de chilenos) declaran en su contra. Por el contrario "un hombre de conciencia, el padre Meyrick", reconoce en él a Roger Charles; pero el sacerdote es "secuestrado y encerrado para siempre en un lejano establecimiento de la Compañía de Jesús". Castro es condenado y encarcelado; ya libre recorre Inglaterra "dando conferencias sobre sus derechos vulnerados y la injusticia de su larga condena". El relato está trufado de recursos afectivos de la persuasión: Charles Roger Tichborne es descrito como un "muchacho de vaga mirada romántica", con "un rostro débil, en el que sus grandes ojos claros parecen perderse en el tiempo o en el mar"; el retrato de Lady Tichborne muestra un "rostro enflaquecido, de tristísima sonrisa,...con...dos ojos vagos que buscan a un hijo perdido en el mar para darle resurrección"; "el valeroso sacerdote Meyrick" muere en su prisión, etc. Incluso algunos detalles como el baile de San Vito que, se dice, aquejaba al demandante, por más que estén tomados de *The Tichborne Romance*, cumplen el papel de conmover al lector e inclinarle a creer que Tom Castro era, efectivamente, Tichborne; a lo que también contribuye, paradójicamente, la aparente inseguridad del narrador "cazador de enigmas" que no pretende resolver uno más.

* * *

No solo en la selección y combinación de los elementos narrativos existen diferencias entre los tres textos. Todos los elementos que los componen (las ideas, el lenguaje, el momento y lugar en que se producen, la relación de cada autor con el tema, etc.) podrían ser analizados para descubrir diferencias (o semejanzas) entre ellos. No se debe caer en esa tentación. Ninguno de los tres textos es una pieza fundamental en la obra de su autor. Por ello, a pesar de su disparidad, no es extemporáneo el común tono de disculpa con que los tres escritores se refieren a sus obras: Borges estampa en la introducción a la edición de 1954 de *Historia universal de la infamia* que los relatos que integran el volumen —y entre ellos "El impostor inverosímil Tom Castro"— "son el irresponsable juego de un tímido que no se animó a escribir cuentos y que se distrajo en falsear y tergiversar...ajenas historias". Baroja, en el párrafo final de la introducción a *Los impostores joviales* (cuyas líneas iniciales ya hemos citado), escribe que todos los desatinos que puede haber cometido en la transcripción de la historia, "son poca cosa en una relación como esta, cuyo propósito principal es ayudar a pasar el tiempo". Neruda, concluye "El barón de Melipilla", diciendo "Pero el misterioso caso del Barón de Melipilla, polvorienta ciudad de Chile, sigue vigente... Yo soy un humilde coleccionista de enigmas. Este les toca resolverlo a Uds.".

Solo me queda, a mi vez, pedir disculpas por la extensión y posibles dislates de estas páginas.

Bibliografía

Aguirre, Margarita. 1973. "Pablo Neruda: 'pueblerino de América'", *Crisis*, n° 4 (agosto).

Alberich, José. 1959. "El caso Tichborne y *Los impostores joviales*", Ínsula, Madrid, n° 155, (octubre): 8; recogido en José Alberich, *Los ingleses y otros temas de Pío Baroja*. Madrid-Barcelona, Alfaguara, 1966. 173-179

Alifano, Roberto. 2003. "Borges y Neruda: una secreta relación literaria", *El Mercurio*, Santiago de Chile (28 de septiembre).

Alonso, José Luis. 2009. "Borges-Neruda. Dos versiones una misma infamia", "El Cruce", suplemento de *La Mañana*, San Carlos de Bolívar, Venezuela (viernes 4 de diciembre).

Baroja, Pío. 1941.*Los impostores joviales*, Novelas y cuentos, recogido en Pío Baroja, *Los impostores joviales; El tesoro del holandés; Yan-Si-Pao o la svástica de oro; Los buscadores de tesoros*. Madrid: Hesperia.

Bloom, Harold. 1994. *The Western Canon: The Books and School of the Ages*. New York: Harcourt (trad. esp.: *El canon occidental*, Anagrama, 1997).

Borges, Jorge Luis. 1935. "El impostor inverosímil Tom Castro", 'Revista multicolor de los sábados' [año I, n° 8, pág. 1], suplemento de *Crítica*, Buenos Aires (30 de septiembre de 1933); recogido en Jorge Luis Borges, *Historia universal de la infamia*. Buenos Aires: Tor.

Burgin, Richard. 1969. *Conversations with Jorge Luis Borges*. New York: Rinehart and Winston.

Encyclopedia Brittanica. 1911. Eleventh edition. Vol. 26, "Tichborne Claimant, The". 932-933

CHARGE OF THE LORD CHIEF JUSTICE OF ENGLAND, IN THE CASE OF THE QUEEN AGAINST THOMAS CASTRO, *otherwise Arthur Orton, otherwise Sir Roger Tichborne. Reprinted from the official copy taken from the shorthand writer's notes. Corrected by the lord chief justice*. 1874-1875. 2 vols. London: H. Sweet.

Guibert, Rita. 1974. *Siete voces. Los más grandes escritores latinoamericanos se confiesan con Rita Guibert*. México: Novaro.

Kenealy, Dr (ed). *The Trial At Bar of Sir Roger C.D. Thichborne*., 7 Vols. Profusely illustrated. Volume I, 1876; Volume II, 1876; Volume III, 1877; Volume IV, 1877; Volume V, 1878; Volume VI, 1878; Volume VII, 1879, a los que se antepone un volumen con un boceto biográfico del acusado.

Maugham, Frederick Herbert. 1936. *The Tichborne Case*. London: Hodder & Stoughton.

Sansón, Francisco Lucas. 2011. *Salmos del Café Viena. Recuerdos de Pablo Neruda*. Madrid: El Garaje Ediciones.

Mayer, Daniel. 1987. "Sérieux comme un tigre", Écriture, Laussanne, n.° 28, 1138.

Molesworth Gurnell, Robert. 1876. *A Critical Review of the Tichborne Trial; or, Letters by R. M. G. ... proving ... that the Claimant is not A. Orton, but is R. Tichborne*, etc., London: Wilfred Heat.

Neruda, Pablo. 1978. "El barón de Melipilla", *Ercilla*, Santiago de Chile, n.° 1794 (5 de noviembre), y n.° 1795, 11 de noviembre de 1969; recogidos en Pablo Neruda, *Para nacer he nacido*. Barcelona: Seix Barral, 1978. 279-284

———. 2001. *Obras completas, IV, Nerudiana dispersa I, 1915-1964*, edición, prólogo y notas de Hernán Loyola. Barcelona: Galaxia Gutemberg.

———. 2002. *Obras completas, V, Nerudiana dispersa II, 1922-1973*, edición, prólogo y notas de Hernán Loyola. Barcelona: Galaxia Gutemberg.

Rodríguez Monegal, Emir. 1978. *Jorge Luis Borges: A Literary Biography*. New York: E.P. Dutton.

———. 1973. "Borges: la imaginación del lector", *Diálogos: Artes, Letras, Ciencias humanas*, Vol. 9, No. 6 (noviembre-diciembre): 23-28.

The Tichborne Romance: a Full and Accurate Report of the Proceedings in the Extraordinary and Interesting Trial of Tichborne v. Lushington, in the Court of Common Pleas, Westminster, for Forty Days, from Wednesday, May 10, to Friday, July 7, 1871; Including the Whole of the Examination, Cross-Examination, and Re-Examination of the Claimant, Manchester, John Heywood, 2a ed. with Addendum, 1871.

Vicuña Mackenna, Benjamín. 1931. "La herencia de los Chadwick en Chile", en *Páginas olvidadas. Vicuña Mackenna en 'El Mercurio'*, introducción de C[arlos]. Silva Vildósola, selección de Ricardo Donoso y R[aúl]. Silva Castro. Santiago de Chile: Nascimento. 299-305

Williamson, Edwin. 2006. *Borges, una vida*. Buenos Aires: Seix Barral. (1ª ed., *Borges: A Life*, 2004).

Neruda, el anarquismo y la democracia[1]

Greg Dawes

NORTH CAROLINA STATE UNIVERSITY

EN UNA ENTREVISTA EN 2004 con Manuel Toledo, el escritor, político y gran amigo de Neruda, Volodia Teitelboim, comenta que ante las revelaciones sobre el régimen y la persona de Stalin en 1956 el vate "reaccionó desairado contra esa traición al socialismo, a los derechos humanos, al humanismo, que en verdad era su ideología".[2] "Él fue fiel a lo que pensaba", agrega, "un hombre de su tiempo, y pensó así en una causa que, en el fondo, traduciéndola a la luz del tiempo es del humanismo y el derecho de la justicia social, el cambio de un mundo que es injusto a uno más justo, un mundo más noble, un mundo más humano, sin guerra, con paz..." Por su parte, Teitelboim asevera que la URSS "era un régimen antidemocrático, sin participación real, que fue lo que lo desplomó porque la población era indiferente" pero, al caer "perdió mucho: perdió la educación gratuita, la salud gratuita, el derecho al trabajo y ganó todas las lacras de Occidente". Este empeño en subrayar el impacto del humanismo, la justicia social y la democracia tanto en su caso como en el de Neruda es muy sugerente y hace pensar que, si bien ha habido estudios sobre su influencia en Neruda, también es cierto que no se ha explorado lo suficiente la manera en que las ideas democráticas —de todo tipo— incidieron en su pensamiento, desde su juventud en Temuco y a lo largo de su vida. Naturalmente, se esperaría un argumento así en el caso de sus años en España (1934-1937) que coinciden con la guerra civil española y lo inspiran a escribir *España en el corazón* (1937) —luego incluido en *Tercera residencia*— y así también en el caso de los años de la Unidad Popular, que tanto conmueve y preocupa al poeta al punto de que publica *Incitación al nixoncidio y alabanza de la revolución chilena* (1973) como una manera de defender al socialismo democrático a capa y espada. Es ése mi objetivo a largo plazo en un proyecto de libro, pero en este ensayo me interesa rastrear la presencia de las ideas democráticas en Neruda desde 1920 1935, haciendo hincapié en las tensiones y coincidencias entre las distintas vertientes del pensamiento democrático en los años en que el vate se ve sumido en el anarquismo.[3] Resulta que los principios anarquistas encajan con el pensamiento liberal y democrático al mismo tiempo que desafían sus límites. A diferencia de los demócratas liberales, los ácratas abogaban por una democracia directa y no por una democracia representativa; la abolición del Estado versus la noción de hacer cambios dentro de sus parámetros para reformar y transformar la sociedad existente; la desenfrenada libertad individual, a diferencia de la libertad circunscrita en pro del bien común; y la democratización plena en las esferas política y económica en contraste con la tradicional insistencia liberal en la igualdad política a expensas de la igualdad económica[4]. Sin embargo, los ácratas podían sostener que estaban reclamando el terreno de las preocupaciones y los conflictos sociales propios del capitalismo y llevándolos hacia una solución radical y definitiva. Para lograr la meta de llegar a una paridad política y económica hacía falta la acción directa, aseguraban, encabezada por movimientos sociales; los paros eran vitales porque posibilitarían la desestabilización del Estado y galvanizarían a las fuerzas revolucionarias. Además, el Estado en sí debería eliminarse para sentar las bases para una verdadera sociedad anarquista o anarco-comunista. Sólo al tomar en serio los reclamos demócrata liberales sobre la igualdad, erradicando las desigualdades bajo el capitalismo, razonaban, se solucionaría el problema radical impulsado por el sistema e instaurar el igualitarismo[5]. Sin embargo, como el lector puede ver fácilmente, existen características compartidas entre el concepto de la igualdad liberal y el anarquista. De hecho, los anarquistas podían sostener que sus nociones de autogestión se arraigaban en la democracia ateniense. En efecto, podían argumentar que la noción ateniense de la democracia como un ejercicio de autogestión había sido secuestrada por la sociedad burguesa, creando así una escisión entre la equidad política y la económica e inaugurando un concepto de una república representativa en lugar de una democracia directa.[6] Se aprecia este diálogo y roces entre los anarquistas, los liberales y los socialistas en Chile a comienzos del siglo XX.

El anarquismo, la democracia social y el socialismo en Chile

Como avalan las ideas Luis Emilio Recabarren durante lo que viene a ser la prehistoria del Partido Comunista de Chile (PCCh) —circa 1903— había una notable coincidencia entre los anarquistas, el Partido Demócrata, el Partido Socialista y aun el Partido Liberal. Fundador del PC casi dos décadas después (en 1922), Recabarren tenía una postura bastante amplia en cuanto a estos partidos de izquierda y los movimientos sociales. Libre de cualquier tipo de sectarismo, como observa el historiador Sergio Grez Toso, percibía unas pocas diferencias sutiles entre la democracia, el comunismo y el socialismo, "especialmente entre lo que él denominaba 'socialismo evolutivo' y 'la democracia'. Como lo sostuviera en más de una ocasión, demócratas, socialistas y anarquistas diferían sólo en los métodos ya que aspiraban a un ideal común".[7] Rara vez diferenciaban los anarquistas militantes entre la democracia, el socialismo y el anarquismo (Grez Toso 2012, 168). Había, entonces, una confluencia de estas ideas radicales que dejaban su huella en la política comunista en Chile, habiendo surgido de una tradición diversa y, sin embargo, unida. Si bien había vasos comunicantes entre estos distintos partidos y movimientos políticos, con el tiempo se presentaron brechas significativas. Los ácratas creían firmemente en el paro como arma para debilitar el Estado y llevar a cabo la revolución. En cambio, "a comienzos de los años 20 así como en el momento justo después de la primera guerra", señala Julio Faúndez "el Partido Comunista estimaba necesaria su participación en el proceso parlamentario para fortalecer su presencia con votantes de la clase obrera. En esta época temprana, el partido también trató de formar alianzas con otros movimientos políticos que representaban los intereses de la clase obrera".[8] Si bien es cierto que el *modus operandi* cambió durante el desastroso "Tercer Período" del Comintern, en que aquellas fuerzas no revolucionarias se tildaban de burguesas o "socialfascistas", la perspectiva del Partido viró hacia la más abierta política del Frente Popular en 1938. Y aunque el PCCh llegó a ser ilegal bajo el gobierno de González Videla gracias a la presión financiera y política de Estados Unidos, desde 1958 hasta 1973 el Partido abogó por el camino pacífico y democrático hacia el socialismo, formando así alianzas con otros partidos[9]. Así, en resumidas cuentas, los anarquistas y los comunistas participaron en el proceso político democrático.

Similitudes y divergencias. Las ideas anarquistas y democráticas de Neruda

Gabriel Salazar y Julio Pinto enfatizan el hecho de que la frustración incrementó contra el sistema político en Chile porque se pasaba por alto la comunicación y diálogo con la ciudadanía y el consenso al que habían llegado los partidos gobernantes se impuso desde arriba[10]. A medida que se agravaron, los movimientos sociales y laborales buscaron soluciones fuera del sistema político tradicional y viraron más a menudo a las estrategias políticas del anarquismo. Como la élite política acudió a decisiones tomadas desde arriba a comienzos del siglo XX, los movimientos sociales se convencieron más de que el problema era el Estado porque representaba —inevitablemente— los intereses de la clase dirigente y, por lo tanto, respondieron con medidas más drásticas que estaban más allá de la esfera política convencional, como es el caso de la acción directa. Al sentirse apretada en términos económicos, la clase media participaba con frecuencia en las movilizaciones masivas entre 1910 y 1925 (Salazar & Pinto 1999, 65, 84-85). En efecto, el año antes de que llegara Neruda a Santiago para iniciar sus estudios universitarios en el Instituto Pedagógico, hubo masivas huelgas de hambre (Salazar & Pinto 1999, 41).

El interés en el pensamiento libertario en el caso del poeta se remonta a su adolescencia en Temuco, donde leyó todos los libros que pudo encontrar y, siendo hijo de un conductor de trenes, le indignaba la injusticia social. En entrevista con Rita Guibert en 1971, Neruda se refiere a su afiliación con el anarquismo cuando joven:

> Yo vengo de una generación en que todos éramos anarquistas. Traduje los libros anarquistas cuando tenía 16 años. Del francés traduje a Kropotkin, a Jean Graves y a otros escritores anarquistas. Leía solamente a los grandes escritores, a los grandes escritores rusos de tipo anárquico, como Andreiev y otros. En aquel tiempo, nosotros, jóvenes anarquizantes, comenzamos a descubrir por nuestra propia cuenta que era indispensable una unión con el movimiento del pueblo, que en ese momento también era de tendencia anarquista. Era la época de la IWW (Industrial Workers of the World), y casi todos los sindicatos pertenecían a esa tendencia, que representaba creo Harry Bridges, uno de los últimos en Estados Unidos. Este grupo de anarquistas, que tuvo mártires como Sacco y Vanzetti en Estados Unidos, también en América Latina tuvo enorme importancia. Pero, ¿qué pasó con la juventud de la época que participaba aun del terrorismo y que predicaba, como yo mismo lo hacía, el sabotaje, el boicot a las elecciones, la oposición a los movimientos organizados? ¿Qué pasó? Unos comprendimos que nuestro camino estaba en la organización, estaba al lado del movimiento obrero, y otros pasaron directamente a servir los intereses de la gran burguesía, del capitalismo y del imperialismo.[11]

Si este pasaje representa la mentalidad de Neruda hacia el final de su vida que recuerda su juventud y desde un punto de vista crítico —desde el punto de vista de un comunista dedicado al socialismo democrático— y, por ende, reticente a aprobar la espontaneidad, la acción directa y el antiestatismo propuestos por el anarquismo, le proporciona al lector una idea franca de su formación intelectual y política. Como lo indica aquí, su generación se dejó llevar por la pasión por el pensamiento y la política ácratas en gran parte porque estos estaban muy comprometidos con las organizaciones obreras y movimientos de justicia social de amplia base.

Como anota el historiador Ángel Cappalletti, al comienzo del siglo XX los libertarios encabezaron alzamientos masivos de obreros; entre ellos, la Semana Santa en Santiago en 1905, donde aproximadamente doscientos trabajadores fueron asesinados; la huelga general en Antofagasta en 1906; y, finalmente, la huelga de los mineros de salitre en Iquique en 1907[12]. Desde 1919 hasta 1926, hubo dos mil huelgas en prácticamente todas las industrias primarias en Chile[13]. Como decía, esta agitación social tuvo un impacto decisivo en la conciencia política de la clase media, llamando la atención de amplios sectores de los profesionales, entre ellos los intelectuales. Los artistas y escritores en particular se interesaban en la militancia de la izquierda y de los ácratas porque podían asumir un rol importante al participar en las manifestaciones y escribir para los periódicos. Desde el comienzo del siglo hasta 1922, los anarquistas publicaron periódicos, panfletos y libros escritos por intelectuales orgánicos en todo el país y en tales ciudades como Antofagasta, La Calera, Iquique, Tarapacá y Punta Arenas. Entre ellos estaba el joven Neruda.

Para empezar a captar el diálogo que se establece entre los ideales democráticos y libertarios en la obra y el pensamiento nerudianos, se pueden estudiar las crónicas, o bien los artículos periodísticos cortos que escribió el joven poeta en Temuco y, más tarde, en Santiago como estudiante universitario. Si bien los asuntos socioeconómicos y morales que emergen en estos escritos subrayan su inclinación hacia las ideas izquierdistas y libertarias, son ideas que podrían compartir los demócratas; vale decir, los miembros del Partido Democrático de ese entonces. Así como Recabarren lo apuntó agudamente, las diferencias que dividían a los anarquistas y a los demócratas atañían a las estrategias políticas. En estos escritos, el joven bardo fustiga la desigualdad social, la explotación de los trabajadores, la deshumanización, y el abuso del poder partidario; su enojo e impaciencia también son palpables. Esta postura ferviente nos recuerda a las creencias anarquistas. En "Calle arriba y calle abajo", por ejemplo, su disgusto por la injusticia y la deshumanización se destaca. El hablante se refiere a esa "gente anónima" que vive "pobres vidas miserables" y a "esa gente indiferente y egoísta que no mira los dolores de nadie" a quien él y otros —presuntamente aquellos que comparten sus convicciones políticas— odian[14]. El lector de este texto intuye la impaciencia y la ira y puede vincularlas con su afiliación con el anarquismo —por tenue que sea. Aunque tenía 16 años en ese momento, o a lo mejor por eso mismo, no se contenta con la estructura política ni con los partidos para resolver problemas. Naturalmente, se esperaría dicha preocupación e indignación ante la injusticia y la explotación en el caso de los demócratas, los demócratas radicales o los libertarios. Como había remarcado Recabarren, la distinción entre ellos estriba en las estrategias empleadas para mitigar o tratar de eliminar tales problemas sociales. Y en este momento de su vida y bien entrados los veinte años, el joven Neruda acogió la opción espontánea y radical de los anarquistas, cosa que no extraña para quien elogió al escritor libertario Manuel Rojas en 1921. Sin embargo, como bien se sabe, denunciar es una cosa, y buscar una solución es otra. Así, por ejemplo, cuando se enfurece por la deshumanización y la degradación de los obreros en "Glosas de ciudad [1]", no entiende bien por qué no se alzan y rebelan en estas condiciones socioeconómicas. Con los brazos "como aspas cansadas" y las "miradas humildes" los trabajadores se ven unidos en "un solo cuerpo miserable" y, se pregunta el hablante, "[¿]Por qué estos hombres que van juntos, tocándose las espaldas robustas, no llevan los rigurosos brazos levantados, no elevan hacia el sol la cabeza?" O, como lo pone de una forma más vívida, emotiva y prosaica poco después: "[¿]Por qué, si van juntos y tienen hambre, no hacen temblar los pavimentos de piedra de la ciudad, las gradas blancas de las iglesias, con el peso sombrío de sus pisadas hambrientas, hasta que la ciudad se quede inmóvil, escuchando el rumor enorme de las pisadas que treparían hasta cegar el fuego de las fábricas, hasta encender el fuego de los incendios?" (Neruda 2001, 252). Si los miembros del Partido Democrático o el Partido Socialista hubieran propuesto reformas por medio de la república representativa para ocuparse de estos problemas sociales, los ácratas habrían cuestionado los valores morales de la Iglesia que hace poco para resolver los problemas, y habrían hecho un llamado a una movilización popular, como lo hace Neruda en este caso[15].

En otra crónica, titulada "Empleado", Neruda opta por otra estrategia: condena la explotación de los obreros y su deshumanización concomitante, pero hace el esfuerzo por llegar e identificarse con ellos. Lo hace desde el punto de vista de quien tiene conciencia política, qué duda cabe, y que cree que estos trabajadores no se han dado cuenta aún que se puede vivir de otra manera. Inicia sus comentarios refiriéndose a la monotonía de su mano de obra: "Sé tu vida febril: de la cama a la calle, de ahí al trabajo. El trabajo es oscuro, torpe, matador" (Neruda 2001, 253). Y, a continuación, se dirige a la cuestión de la ideología: "Y es que no sabes que eres explotado. Que te han robado las alegrías, que por la plata sucia que te dan tú diste la porción de belleza que cayó sobre tu alma. El cajero que te paga el sueldo es un brazo del patrón" (Neruda 2001, 253). Al referirse a esta prosa periodística, Hernán Loyola la describe como "paternalismo solidario y a la vez igualitario con el trabajador", y bien puede ser que ese sea el caso[16]. Es probable que estos trabajadores sepan que se están sometiendo a la explotación y que sus vidas son difíciles, pero a lo mejor no ven que sus vidas están ligadas a relaciones de clase social o a una lucha de clases. Sin duda están conscientes de que los patrones se están aprovechando de ellos al pagarles lo mínimo por su arduo trabajo, pero seguramente no pueden concebir una manera viable de salirse de esas circunstancias. Neruda joven ofrece un análisis y una denuncia de "explotación, capital, abuso" anclado en las ideas anarquistas o anarcocomunistas que se oponen a la ideología dominante disponible, como lo señala poco después, en los periódicos, que promocionan "orden, derecho, patria, etc." (Neruda 2001, 253). La igualdad, pareciera sugerir aquí, no puede ser política únicamente; tiene que ser económica también: "Aquí estamos nosotros, nosotros que ya no estamos solos, que somos iguales a ti; y como tú explotados y doloridos pero rebeldes" (Neruda 2001, 253)[17]. Como comenta Norberto Bobbio en el caso de la "democracia liberal", con lo cual quiere decir no la democracia social sino la ideología dominante que va de la mano del modo de acumulación capitalista, la igualdad se percibe como "la igualdad en cuanto libertad". La pregunta palpitante es: "¿Qué tipo de libertad? ¿Qué tipo de igualdad?"[18]. John Dunn resume el asunto del igualitarismo de la siguiente manera: "¿Cómo puede la igualdad ser más que un sueño cruel en un mundo en que unos pocos se adueñan de, controlan y consumen más que la gran mayoría? ¿Cómo puede ser así cuando se adueñan de y controlan los recursos de tal suerte que, a no ser que se contrarreste incesante y hábilmente, asegura que la desigualdad se va a perpetuar y magnificar hasta un futuro indefinido?"[19]. Queda claro que en este texto Neruda rehúsa aceptar la equidad política sin la económica y cree que el oprimido debería alzarse y apropiarse de lo que es suyo a fin de cuentas. Y dice que no tenemos que leer a Marx para saberlo (Neruda 2001, 253).

En otros artículos —"El hijo", "Agencias", "Oración de los pobres hombres", entre otros— se enfoca en la explotación y la necesidad de rebelarse también, subrayando a menudo la falta de conciencia política de los campesinos y el sentido de fatalismo que los acompaña. El mismo tenor desesperado y exasperante permea estos textos, señalando las funestas circunstancias en que se encuentran estos trabajadores en el campo o instándolos a rebelarse.

Si el abuso del poder se entiende en términos económicos porque la clase pudiente saca provecho de las miserables vidas de los pobres, en "De la vida intelectual de Chile: Todo un novelista" el vate aborda más concretamente la injusticia fortalecida por la democracia representativa— aunque se trata de una democracia representativa algo limitada en esta época en Chile. Critica el "abuso del poder" y la falta de entereza moral a la par que halaga la franqueza de Joaquín Edwards Bello al retratar "la faz de los de arriba [y] la bestialidad de la opresión que sufren los de abajo", y por la denuncia de la nueva ley que pasó el gobierno restringiendo la libertad (Neruda 2001, 258-59)[20]. Ardiente adepto del Partido Liberal y del programa antioligárquico y reformista del Presidente Arturo Alessandri en los años 20, Edwards Bello condena la explotación descrita arriba, pero, lógicamente, piensa que esta iniquidad se puede resolver por medio de reformas sociales[21]. Neruda, aún influido por el pensamiento libertario, admira su posición como intelectual frente a esta injusticia pero considera que Edwards Bello anda buscando soluciones elegantes, reflejando así "la cobardía oficial de este gobierno republicano" (Neruda 2001, 259). Frente al liberalismo y reformismo democrático y renuencia a denunciar al gobierno republicano, Neruda muestra su frustración con la democracia representativa como tal y su incapacidad de rectificar los problemas sociales: "Ante actos así, como los del gobierno, se protesta, se grita, se trata de raja la sensibilidad y la sentimentalidad justiciera de los hombres" (Neruda 2001, 259). En este caso también, la postura de Neruda, en sí, se empareja con la rebelión y el anarquismo.

Esta idea y los antecedentes libertarios del poeta se recalcan en la defensa que hace de Carlos Vicuña Fuentes, presidente de la Federación de Estudiantes de la Universidad de Chile (FECh) en ese mismo artículo. Para 1920 los estudiantes e intelectuales, encauzados por la FECh habían forjado una alianza con los cesantes y los trabajadores de varios sectores en zonas urbanas de Chile y habían participado en las movilizaciones masivas contra el gobierno.[22] De acuerdo con Neruda, Edwards Bello juzga la originalidad de Vicuña Fuentes. Este había sido tildado de comunista, anarquista y vendepatrias, y por ello lo habían echado de su puesto en el Instituto Pedagógico en la capital. Aunque se opuso a los gobiernos militares y a los democráticos en los años 20s, es notable que no compartiera las ideas anarcosindicalistas en torno a la lucha de clases y la destrucción del Estado[23]. Así las cosas, Neruda, entonces, elige defender a una figura que desconfía del gobierno, pero que rechaza dos principios significativos de los anarquistas y anarcocomunistas, cosa que sugiere que el pensamiento político del joven poeta no se había cristalizado aún; más bien oscilaba, pero siempre dentro de los parámetros de la izquierda. Si el poeta estaba al tanto de la oposición a la lucha armada y al Estado como tal de Vicuña Fuentes en el momento en que escribía, quiere decir que Neruda estaba abierto a la noción de reformas dentro del sistema político a pesar de sus inclinaciones libertarias.

Otros dos artículos de Neruda se centran en el militarismo —postura sobresaliente entre los anarquistas— y la noción vaga de una sociedad futura e igualitaria. "El maestro entre los hombres", por ejemplo, es una especie de parábola que consiste en diálogos entre el maestro y varios trabajadores jóvenes, en que aquel les da consejos. Cuando un joven se queja de todo el trabajo que hace, el maestro responde: "Trabaja, hermano, que en tu fragua se está modelando el porvenir" (Neruda 2001, 261). También la guía a la esposa del obrero, quien reclama que su vida es triste, pero se muestra esperanzada porque está embarazada. El maestro le constesta "Te bendigo hermana, porque de tu vientre nacerá el porvenir" (Neruda 2001, 261). Acto seguido el sabio se encuentra con un hombre quien representa la "rebeldía sobre el dolor y la fatalidad" y cuya manera de pensar, asevera el maestro, va a forjar el futuro. Al final, conoce a un soldado quien se percata del hecho de que él encarna "la Fuerza que lucha con la Idea" y es el súmmum del pasado (Neruda 2001, 262). Tal como describe el contexto político Grez, la Idea es prácticamente una creencia religiosa en la futura revolución social.[24] Siguiendo la lógica de la parábola, el soldado cree firmemente que representa las fuerzas armadas que respaldan el sistema político y económico vigente y, por lo tanto, representa el pasado. El futuro yace en otro lugar, como le informa el maestro: "Hermano, desgarra tu vestidura de guerrero, arroja tus armas y rebélate, que estás ahogando el Porvenir" (Neruda 2001, 262). Sin embargo, el soldado, en lo que vendría a ser tal vez una indicación realista para la época, no lo escucha.

Estos personajes representan simbólicamente el rumbo en el futuro: el obrero cuyo trabajo es la fundación de la sociedad; la esposa que va a dar a luz a un hijo que va a encarnar la sociedad futura;[25] el pensador cuyas creencias van a ayudar a imaginar y crear el porvenir; y el soldado que, en potencia al menos, puede dejar de ser un peón del Estado y negarse a asumir su rol represivo tanto en el ámbito nacional como en el internacional.

"El cartel de hoy [1]: veintiuno de mayo", otra crónica que gira en torno al militarismo, asume una estrategia semejante. Al reflejar sobre el significado del 21 de mayo y, por ende, sobre la Batalla de Iquique y Guerra del Pacífico (1879-1884), Neruda critica el nacionalismo como tal porque la gente "se va olvidando de aquel sacrificio torpe y estéril de aquella guerra odiosa y cruel" (Neruda 2001, 262). Cruel por razones obvias, pero también era un territorio en que los obreros se vieron explotados y pasaron hambre, apunta el poeta, mientras se extraían los recursos —la riqueza— de la zona minera. Dada la historia y las guerras y tal vez las guerras a futuro, Neruda sostiene que es más importante que nunca oponerse al nacionalismo y al militarismo y cultivar "tu cuotidiana rebeldía" (Neruda 2001, 262). De esa manera, cierra el ensayo, la sociedad futura "es nuestra y puede ser tuya" (Neruda 2001, 263). El antimilitarismo es, desde luego, uno de los principios primordiales del pensamiento anarquista, pero es transversal también en las cosmovisiones comunistas, socialistas y liberales. Desde las posturas libertarias, comunistas y socialistas, el militarismo es sencillamente una violenta política cuyo objetivo es ampliar los intereses financieros y territoriales de los capitalistas y los imperios. Tomemos como ejemplo a Eugene V. Debs, futuro candidato a la presidencia del Partido Socialista en Estados Unidos en 1920, quien en 1917 fue condenado a diez años de prisión por dar un discurso contra la primera guerra mundial[26]. Solo al rechazar el nacionalismo y el militarismo y rebelarse contra el orden existente, da a entender el vate, puede el futuro ser "nuestro" y "suyo". Aparte de los anarquistas, los socialistas y muchos demócratas en Chile respaldaron la plataforma política internacional y por consiguiente sencillamente no podían aceptar el militarismo ni el nacionalismo (Grez 2012, 146-47).

En "La bondad" Neruda se aboca a otro tema: la preponderancia del individualismo y del consumismo y la necesidad de abrazar la moralidad, la amabilidad y el desarrollo espiritual. Al declarar "Endurezcamos la bondad, amigos" y, más abajo, "Endurezcamos nuestra bondad, amigos" anima a sus lectores a esforzarse por alcanzar otro tipo de bondad: no la piedad, sino la solidaridad (Neruda 2001, 313). Y únicamente aquellos "de recto corazón" pueden aspirar a empatizar, tener compasión y tomar decisiones vitales, no aquellos que se vean "doblegados" ni "sumisos". Asimismo, sólo aquellos que estén dispuestos a abandonar el individualismo—no la individualidad, desde luego—pueden dejar de engañarse porque los seres humanos son sociales hasta la médula (Neruda 2001, 314). En una inversión materialista de Lucas 6:20, cierra este artículo subrayando el hecho de que aquellos que son "ricos de espíritu" heredarán el "reino de la tierra"[27]. Naturalmente quiere que los pobres hereden la tierra y los considera ricos de espíritu, pero no hace hincapié, tal como lo hacen los versículos de la Biblia y el Padre Nuestro, en el más allá. Para el futuro autor de *Residencia en la tierra*, lo más cercano al Cielo o la utopía se va a hallar justamente en la tierra. En su ensayo, entonces, Neruda define su posición sobre la democracia concebida como orgánica y *grosso modo* como la noción de Aristóteles sobre el bien común. En cambio, el liberalismo clásico, ahora transformado en el conservadurismo o el neoliberalismo, descansa presumiblemente en la importancia del individuo y del individualismo. "El individualismo ve el estado como una colección de individuos," sostiene Bobbio, "y como la adquisición de su forma solo por medio de sus acciones y las relaciones que establecen entre sí" (Bobbio, *Liberalism and Democracy* 41). Esto pareciera desmentir la postura de Neruda. Sin embargo, al tomar esta posición, el liberalismo clásico "cercena al individuo del cuerpo orgánico, lo obliga a vivir —al menos gran parte de su vida— fuera de la matriz materna, lo hunde en el mundo desconocido y arriesgado de lucha por la supervivencia" (Bobbio, *Liberalism and Democracy* 43). Bobbio afirma convincentemente que estos individuos forman una unión, una sociedad que no se concibe ya como "una totalidad orgánica sino como una asociación de individuos libres. El liberalismo defiende y proclama la libertad individual en contra del estado, tanto en el ámbito espiritual como en el económico la democracia reconcilia al individuo y la sociedad al hacer de la sociedad el producto de un acuerdo común entre individuos" (Ibid). Incluso una lectura somera del artículo periodístico de Neruda revela que este es precisamente el concepto de democracia y sociedad que quiere desafiar. En efecto, aboga por "Bondad que marcha, no con alguien sino contra alguien. Bondad que no soba, ni lame, sino que desentraña y pelea porque es el arma misma de la vida" (Neruda 2001, 314).

En este y otros escritos de los años 20s Neruda demuestra de manera constante su conocimiento de y compromiso con el pensamiento y la acción ácratas al mismo tiempo que entabla un diálogo con y revisa nociones que son dominio de la democracia como tal: la igualdad, el bien común, la libertad, la denuncia del abuso del poder, entre otros temas. Los simpatizantes libertarios como Neruda consideraban que una indagación más profunda de dichos conceptos políticos hacía falta para alcanzar la meta de una democracia radical.

Dicha sociedad tomaría en cuenta la igualdad política y económica. Vale la pena puntualizar que tales ideas y preocupaciones abarcadas en sus crónicas se hallan también en su poesía de los años 20s y hasta incluso los años 30s.

La poesía, la democracia y el anarquismo

"Maestranzas de noche" y "Oración", que aparecen en *Crepusculario* en 1923, y le brindan al lector un muestrario del tipo de poemas de protesta que escribía en ese entonces, se centran en el llamado del poeta de abordar temas sociopolíticos y de tomar el partido del oprimido. Aunque se desconoce el referente del primer poema, se enfoca en lo que parecen ser maestranzas abandonadas porque, como nos enteramos en la estrofa climática, muchos o algunos obreros han muerto y están siendo velados. El "Hierro negro que duerme, fierro negro que gime / por cada poro un grito de desconsolación" así como las "cenizas ardidas sobre la tierra triste" —en la segunda estrofa— proporcionan un vislumbramiento sombrío del cierre del poema[28]. Las maestranzas parecen haber sido abandonadas pero la personificación impregna los versos y le cede el paso al hablante: "Y el grito se me crispa como un nervio enroscado / o como la cuerda rota de un violín". El grito inconsolable con que arranca el poema y señala que algo trágico ha sucedido desconcierta al hablante y más aún cuando las máquinas en las usinas, ya no bajo el control de los obreros, parecen buscar la mirada, la intervención de él: "Cada máquina tiene una pupila abierta / para mirarme a mí" (*Pablo Neruda: antología general* 8). Aunque la maestranza parece deshabitada, el "temblor de pasos" se escucha en los "cuartos desiertos" y, como reza la estrofa "Y entre la noche negra —desesperadas— corren / y sollozan las almas de los obreros muertos". En resumidas cuentas, las maestranzas parecen estar poseídas por aquellos que hicieron las armas. Dadas las ideas libertarias que lo inspiraron en este momento dado a Neruda, no es difícil ver en estos versos una crítica del militarismo. Siguiendo esta línea de pensamiento, los obreros se estarían sacrificando por su propio trabajo, que, a su vez, los ha estado destruyendo y —posiblemente— a otros seres humanos también. No sería descabellado asumir que esto representa una reflexión sobre la destrucción descomunal provocada por la primera guerra mundial, aunque no se puede saber a ciencia cierta. En efecto, el trabajo está congelado en los productos (las armas) que a fin de cuentas van a aniquilar a otros obreros y que corren el riesgo de borrar la humanidad del mapa[29]. En este contexto de injusticia y explotación económica, no cabe duda de que cualquier noción de justicia e igualdad tiene que ir necesariamente más allá del terreno de la democracia representativa a la esfera económica también. Y justamente, aunque el rol del vate es más apagado en este contexto, podemos hacer la suposición de que es él el que se ve encargado con la tarea de contar la historia y exhortar a los obreros al nivel mundial a oponerse al militarismo y entregarse al internacionalismo porque solo así puede ser viable la democracia real.

De manera parecida el poema "Oración" destaca el rol del poeta que se encara con la iniquidad. Evidentemente, le faltan unos años para que encuentre "la otra voz" —como lo describe Octavio Paz— o esa singularidad nerudiana. Después de la publicación del enorme éxito del ahora clásico poemario *Veinte poemas de amor y una canción desesperada* (1924), se tendrá que esperar varios años más para llegar a la publicación de su próximo libro memorable, *Residencia en la tierra* (1935), antes de que se presenciara su contribución insólita a la poesía, su vocación "profética" como lo llama Hernán Loyola[30]. Así, como en el caso de "Maestranzas de noche", este describe y condena la injusticia social al tiempo que Neruda busca simultáneamente su propia voz y su "deber como poeta" —como lo pondría Neruda más tarde. Parte de la razón por la cual los escritores como Neruda se veían atraídos por el anarquismo fue porque se les brindaba *carte blanche* respecto de su creatividad —no había exigencias programáticas— y se les estimaba como visionarios que podían idear futuras sociedades igualitarias. Esta "estética anarquista" se destaca por la manera en que el hablante dialoga con el tema y por la percepción que tiene de sí mismo como vate[31]. Esto se aclara desde el comienzo del poema:

> Carne doliente y machacada,
> raudal de llanto sobre cada
> noche de jerón malsano:
> en esta hora yo quisiera
> ver encantarse mis quimeras
> a flor de labio, pecho y mano,
> para que desciendan ellas
> —las puras y únicas estrellas
> de los jardines de mi amor—
> en caravanas impolutas
> sobre las almas de las putas
> de estas ciudades del dolor.[32]

Enfrentado con "la carne doliente y machacada" al joven poeta le fascinaría echar mano de su imaginación poética, que ve como "puras y únicas estrellas", frutas de su vida amorosa, para presenciar "las almas impolutas / de estas ciudades de dolor". Su propia obra creativa da vueltas por allá arriba al parecer para luego descender sobre la realidad brutal y concreta. En efecto, en la tercera estrofa sus "caravanas impolutas"—inspiradas por sus epifanías poéticas—reflejan su "espíritu intocado" mientras sobrevuela y luego se entremezcla con la cruda realidad:

> y va enredando en su camino
> el mal dolor, el agrio sino,
> y desnudando la raigambre
> de las mujeres que lucharon
> y cayeron
> y pecaron
> y murieron
> bajos los látigos del hambre. (9)

El hablante se considera un creador profético que busca la manera de comunicar adecuada y trascendentalmente el sufrimiento humano que está presenciando. Los tropos sorpresivos y el léxico nos acuerdan de que este es el lenguaje de un vanguardista que busca acomodar su estética y política anarquistas con las inflexiones neorománticas[33]. Por lo tanto, si bien retrata la explotación a que son sujetas estas prostitutas en ciudades que solo pueden producir dolor, sufrimiento y alienación, vuelve al tema de su propio rol como poeta en las últimas tres estrofas. En la quinta estrofa, por ejemplo, apunta lo siguiente:

> No solo es seda lo que escribo:
> que el verso mío sea vivo
> como recuerdo en tierra ajena
> para alumbrar la mala suerte
> de los que van hacia la muerte
> como la sangre por las venas. (9)

Por un lado, entonces, quiere escribir una poesía lírica ("seda") que conmueva al lector; por el otro, quiere que se ancle firmemente en un punto de vista realista, en tangibles desigualdades sociales. Y esta combinación estimulante, que se alargará hasta justo después de *Residencia en la tierra*, refleja la ya mencionada tensión en el anarquismo y su estética concomunitante: al artista se le da rienda suelta en cuanto a la creación y se le otorga un rol clave en el movimiento como una suerte de profeta. Sin embargo, los libertarios están a favor de la acción política de corte espontáneo y radical encarnada en los paros, la acción directa, y la destrucción del Estado, para resolver trágicas situaciones en la vida como las que se aprecian en este poema. Reflexiones abstractas sobre lo concreto, podríamos decir, o esfuerzos por examinar lo concreto de forma abstracta —siguiendo así el punto de vista de Bakunin y Kropotkin sobre el rol del artista. Por medio de cualquier medio artístico a su disposición, el artista debería apuntar más allá de las desigualidades existentes hacia una sociedad sin Estado en que habría comunidades colectivas autogestionadas[33]. Aunque vale la pena subrayar el hecho de que hay vasos comunicantes entre partidarios de la democracia representativa radical y la democracia directa libertaria, las diferencias surgen con las específicas metas políticas que tiene cada una. Aunque disfrazada con lenguaje figurado, en este momento dado, la postura de Neruda aún parece radicar en el anarquismo.

Las residencias *y el agotamiento del pensamiento ácrata*

Y así también en los poemas tardíos en *Residencia en la tierra*, donde el contraste entre el realismo y la vanguardia se despliega abiertamente. Aun en 1926, cuando publica *El habitante y la esperanza* y algunos de los primeros poemas que aparecerán en *Residencia en la tierra*, Neruda adhiere a una cosmovisión ácrata. En el prólogo a su poemario declara lo siguiente:

> Yo tengo un concepto dramático de la vida, y romántico; no me corresponde lo que no llega profundamente a mi sensibilidad.
>
> Para mí fue muy difícil aliar esta constante de mi espíritu con una expresión más o menos propia. En mi segundo libro, *Veinte poemas de amor y una canción desesperada*, ya tuve algo de trabajo triunfante. Esta alegría de bastarse a sí mismo no la pueden conocer los equilibrados imbéciles que forman parte de nuestra vida literaria.
>
> Como ciudadano, soy hombre tranquilo, enemigo de leyes, gobiernos e instituciones establecidas. Tengo repulsión por el burgués, y me gusta la vida de la gente intranquila e insatisfecha, sean éstos artistas o criminales.[35]

Aquí sus tendencias neorománticas se ensamblan a sus ideas libertarias, resaltando así las cosas del corazón que impulsan sus sensibilidades, su desdén por otros escritores chilenos, su rechazo de las "leyes, gobiernos e instituciones establecidas", su disgusto por el burgués, su rebeldía y la equiparación que establece de ser artista o criminal. No es difícil de apreciar que estas son las ideas prototípicas del vanguardismo y el anarquismo y que se alinean con varias de las declaraciones públicas que hizo después del golpe militar en 1925. Como otros muchos libertarios en Santiago, Neruda se opuso al golpe, pero no para defender la restauración de la democracia representativa —hasta el grado que pueda imaginarse tal cosa en ese momento histórico— dominada por la oligarquía, sino para hacer un llamado para establecer una sociedad de autogestión (de democracia directa). Cualquier esfuerzo por establecer el viejo sistema democrático, temía el vate, podía fortalecer el capitalismo[36].

La organización de *Residencia en la tierra* conduce al lector del agrupamiento de poemas publicados en Chile que giran en torno a la enajenación del poeta de la naturaleza y su busca de significado en ese contexto; a la rebelión vanguardista y realista en la forma y el contenido en los escritos en el Oriente; aquellos que sirven como una especie de transición y enfatizan vívidamente su alienación social en Chile después de haber vuelto del Oriente y Argentina; y, por último, aquellos que sientan las bases para su ruptura con el anarquismo y el vanguardismo, compuestos cuando vivió en España justo antes y durante la guerra civil española[36]. Gracias a su transparencia y aguda conciencia de las circunstancias sociales, Neruda deja al descubierto su propia alienación de la naturaleza y la vida urbana, y la enajenación colectiva ocasionada en otros durante y justo después de la depresión económica de 1929. Por consiguiente, la ironía que emerge en estos poemas vanguardistas por excelencia —con imágenes densas, sus tropos sorprendentes y asociaciones inesperadas— es que logran, a fin de cuentas, captar el caos individual y social a fines de los años 20s y comienzos de los 30s de una manera mimética. Paradójicamente, entonces, las tendencias vanguardistas en *Residencia en la tierra* vienen a ser una forma realista de describir el entorno natural y social y sin embargo incapaz de encontrar salidas del ambiente en el que se halla. Vale decir, el vanguardismo nerudiano capta las cosas tal y como son por medio de la mediación del lenguaje y, por lo tanto, demuestra los límites de la vanguardia como tal. Así, *Residencia en la tierra*, juzgada una obra clásica de la vanguardia, simultáneamente anuncia el agotamiento del anarquismo político y estético en la obra de Neruda.

Paso ahora a analizar dos poemas del libro que tipifican la estética y política libertaria y que se escribieron entre 1933 y 1934. Neruda compuso el poema canónico "Walking around" cuando vivía en Buenos Aires, donde trabajó en el Consulado de Chile después de haber sido diplomático en el Oriente. Si la primera parte de *Residencia en la tierra* se ocupa de su crisis existencial y poética —su busca de significado y su voz poética— , la otra parte retrata el desorden social desatado por el capitalismo en plena crisis. La naturaleza ya no enajena al hablante y hasta llega a ser una fuerza positiva que puede usar contra la ciudad industrializada:

> Sucede que me canso de ser hombre
> Sucede que entro en las sastrerías y en los cines
> marchito, impenetrable, como un cisne de fieltro
> navegando en un agua de origen y ceniza.
>
> El olor de las peluquerías me hace llorar a gritos.
> Sólo quiero un descanso de piedras o de lana,
> sólo quiero no ver establecimientos ni jardines,
> ni mercaderías, ni anteojos, ni ascensores.
> Sucede que me canso de mis pies y mis uñas
> y mi pelo y mi sombra.
> Sucede que me canso de ser hombre.
> Sin embargo sería delicioso
> asustar a un notario con un lirio cortado
> o dar muerte a una monja con un golpe de oreja.
> Sería bello
> ir por las calles con un cuchillo verde
> y dando gritos hasta morir de frío.
>
> No quiero seguir siendo raíz en las tinieblas,
> vacilante, extendido, tiritando de sueño,
> hacia abajo, en las tripas mojadas de la tierra,
> absorbiendo y pensando, comiendo cada día.
>
> No quiero para mí tantas desgracias.
> No quiero continuar de raíz y de tumba,
> de subterráneo solo, de bodega con muertos,
> aterido, muriéndome de pena.
>
> Por eso el día lunes arde como el petróleo
> cuando me ve llegar con mi cara de cárcel,

y aúlla en su transcurso como una rueda herida,
y da pasos de sangre caliente hacia la noche.

Y me empuja a ciertos rincones, a ciertas casas húmedas,
a hospitales donde los huesos salen por la ventana,
a ciertas zapaterías con olor a vinagre,
a calles espantosas como grietas.

Hay pájaros de color de azufre y horribles intestinos
colgando de las puertas de las casas que odio,
hay dentaduras olvidadas en una cafetera,
hay espejos
que debieran haber llorado de vergüenza y espanto,
hay paraguas en todas partes, y venenos, y ombligos.

Yo paseo con calma, con ojos, con zapatos,
con furia, con olvido,
paso, cruzo oficinas y tiendas de ortopedia,
y patios donde hay ropas colgadas de un alambre:
calzoncillos, toallas y camisas que lloran
lentas lágrimas sucias. (Neruda 2003, 219-221)

Aunado a otros poemas en esta segunda parte del libro, éste marca un punto decisivo respecto de la coexistencia del realismo y el vanguardismo. No cabe duda que el individualismo estético (del anarquismo) se destaca, cosa que hace que muchos críticos lo consideren un poema prototípicamente surrealista. La angustia, la alienación, la imagen del *voyeur*, la ira arrojada contra las instituciones sociales, el neoromanticismo, el artista como víctima enajenada, la distancia entre el hablante y las masas, y la pureza del arte (y la naturaleza) contaminada por la ciudad; todo ello y más figuran notablemente en el texto. No obstante, la reproducción de la vida social en Buenos Aires pareciera tener tanto más peso que las características vanguardistas. Por lo tanto, este y otros poemas en *Residencia en la tierra* hacen una tentativa de representar la totalidad social dentro de los confines de la estética anarquista.

Me limito aquí a hacer algunos comentarios sobre las imágenes ácratas que se hallan en el poema. Si tomamos en cuenta la primera estrofa y la última, lo que se destaca claramente es la manera en que la alienación social se ha apoderado del hablante, lo ha desgastado y ha creado un terrible sentido de aislamiento. Este *ennui* se capta magníficamente en la imagen dialéctica "cisne de fieltro". Sujeto a la vida urbana con su fría esposa holandesa y apenas si ganándose la vida en el Consulado, Neruda, pidiendo prestado la figura del cisne —símbolo por excelencia, como se sabe, de la belleza, la perfección, la armonía y la sensibilidad— a Rubén Darío y los modernistas, lo transforma en algo contaminado por la vida urbana. Ni natural ni hecho a mano, el "fieltro" subraya la idea de la artificialidad de la vida moderna y la desesperación que se describe gráficamente como "navegando en un agua de origen y ceniza" (metonímicamente, la vida y la muerte). Darío consideraba la imagen del cisne como símbolo de la Poesía y el ideal de la belleza, la musicalidad, la armonía que no tienen cabida en Buenos Aires en la época de la depresión. Así las cosas, la ansiedad y la impaciencia se van acrecentando hasta la última estrofa, en que se yuxtaponen "con calma" y "con furia", como si el poema llevara al lector a ese momento climático.

Para la tercera estrofa su alienación en la capital argentina, que afecta al hablante ahora "marchito," ahora "impenetrable" se agudiza y lo carcome. La fatiga deshumanizante que siente se reitera de manera ingeniosa con el polisíndeton, la repetición excesiva del adjetivo posesivo y la aliteración: "Sucede que me canso de mis pies y mis uñas / y mi pelo y mi sombra. / Sucede que me canso de ser hombre". En breve, se encuentra enajenado de su propio ambiente y de sí mismo.

Esa impotencia individual y social predomina incluso en la cuarta estrofa, cuando el hablante dice que le gustaría rebelarse espontáneamente contra el gobierno (el notario) y la Iglesia (la monja). Pero la rebelión individual del hablante que empuña su "cuchillo verde" resulta ser una misión fallida que hace que se desespere más (de ahí la referencia a los "gritos hasta morir de frío"). Por consiguiente, el sujeto poético llega a ser una víctima arquetípica que quiere ser héroe, o, como lo pone Hernán Loyola, un "héroe degradado".[37]

Más aún, su impaciencia con las instituciones sociales se exacerba por el empleo de imágenes inesperadas. No es fácil hacerse la idea del "lirio cortado" o del "cuchillo verde" como armas que puede blandir contra la Iglesia y el Estado. Y hace falta hacerle varias lecturas al poema para identificar los vínculos entre estas imágenes y el "descanso de piedras o de lana" en la segunda estrofa. Según George Lakoff y Mark Johnson, son conceptos metafóricos que son idiosincráticos y que complican nuestra lectura del poema[39].

Las estrofas ocho y nueve también ponen a la prueba nuestra destreza como lectores, estirando la secuencia lógica más allá de los límites normales y, como tal, subrayando la impotencia que invade al sujeto poético, cosa que se evidencia hasta en la sintaxis. El contenido y la forma, entonces, reflejan la alienación social y personal del hablante y del ser humano en tales circunstancias y se entregan a la incapacidad de ofrecer una solución colectiva a dicha crisis. No hay ni rastro de una sociedad futura en que pudiera existir la democracia directa; más bien lo que predomina es la democracia representativa y el capitalismo sometidos a una crisis.

Escrito durante la misma época en la capital argentina, "Despediente" recalca el tedio, la deshumanización y la enajenación del sujeto poético en su condición de burócrata. Cosa que resalta Neruda en la temática y la forma. En este caso también los tropos desafían al lector, así como las asociaciones entre las imágenes, creando así un retrato sombrío, lúgubre y caótico que se empareja con el mensaje que se quiere comunicar. En un giro irónico, el antiguo o tal vez persistente anarquista sigue trabajando en las mismas instituciones que deploraba. Como lo señala Hernán Loyola es esta la situación en la que se encuentra el vate: "Escrúpulos anarquistas y libertarios combaten dentro de su alma contra la fascinación de un empleo público que puede darle un poco de independencia y estabilidad económicas. El conflicto es la simultánea atracción de la libertad y la norma".[40] Esa tensión se despliega a lo largo del poema.

En la primera estrofa la paloma arquetípica, que representa el alma y sus poderes creativos, se ve abrumado y degradado por las circunstancias impersonales y poco imaginativas en que trabaja: "La paloma está llena de papeles caídos, / su pecho está manchado por gomas y semanas, / por secantes más blancos que un cadáver / y tintas asustadas de su color siniestro" (Neruda 2003, 222). El "color siniestro", color de cadáver, las manchas, se suman y nos hacen imaginar una escena inhóspita que sofoca cualquier potencial creativo. A diferencia de "Walking around", el hablante nos invita a acompañarlo y ser testigos de la descontrolada enajenación en el seno de la burocracia:

> Ven conmigo a la sombra de las administraciones,
> al débil, delicado color pálido de los jefes,
> a los túneles profundos como calendarios,
> a la doliente rueda de mil páginas.
>
> Examinemos ahora los títulos y las condiciones,
> las actas especiales, los desvelos,
> las demandas con sus dientes de otoño nauseabundo,
> la furia de cenicientos destinos y tristes decisiones. (Neruda 2003, 222)

Al igual que en el caso de "Walking around", se incluyen muy pocos verbos activos (las excepciones son "ven" y "Examinemos") en las estrofas dos y tres, prefiriendo hacer un listado de los tipos de documentos que tiene que llenar —esa "doliente rueda de mil páginas," los "títulos," "las actas" y demás— a medida que describe la degradación y el desafecto de los empleados. Las anáforas en ambas estrofas recalcan lo repetitivo que es el trabajo, la incesante sucesión de acontecimientos deshumanizantes en el lugar de trabajo. Los jefes son débiles, "pálidos y delicados, y las furias de los empleados se ven ahogados por sus "cenicientos destinos y tristes decisiones" y la temporada personificada en sí se juzga enfermiza. En efecto, como indican las estrofas cuatro y cinco, la desolación parece tener efectos nocivos en el cuerpo. Vestidos con "interminables trajes", los empleados salen del trabajo con la "cabeza sin venas" y sus pies y sus dedos gobernados por la administración y el control del tiempo. El "río amarillo de sus sonrisas" aunado al polisíndeton empleado aquí tienen el efecto natural de reiterar la monotonía a la que se someten en la oficina:

> Es un relato de huesos heridos,
> amargas circumstancias e interminables trajes,
> y medias repentinamente serias.
> Es la noche profunda, la cabeza sin venas
> de donde cae el día de repente
> como de una botella rota por un relámpago.
>
> Son los pies y los relojes y los dedos
> y una locomotora de jabón moribundo
> y un agrio cielo de metal mojado,
> y un amarillo río de sonrisas. (Neruda 2003, 222-223)

Aparte de las referencias al cuerpo, lo que se destaca es el ritmo incesante del trabajo degradante (la "locomotora de jabón moribundo") y el sentido de desesperación y amargura (el antitético "cielo amargo") que asalta a los empleados del Consulado. En la estrofa que sigue a continuación se aprecia el mismo contraste entre las referencias fugaces al cuerpo (los dedos, las uñas y la boca) y el dominio completo del trabajo tedioso e insatisfactorio que lleva a la contradicción fundamental: que usa la tinta en sus trámites administrativos pero no para escribir poemas presumiblemente: "Todo llega a la punta de los dedos como flores, / a uñas como relámpagos, a sillones marchitos, / todo llega a la tinta de la muerte / a la boca violeta de los timbres" (Neruda

2003, 223). Y todo ello lleva a una reflexión igual de miserable sobre el mundo como tal:

> Lloremos la defunción de la tierra y el fuego,
> las espadas, las uvas,
> los sexos con sus duros dominios de raíces,
> las naves de alcohol navegando entre naves
> y el perfume que baila de noche, de rodillas,
> arrastrando un planeta de rosas perforadas. (Neruda 2003, 223)

Su propia alienación y la de sus colegas solo puede llevarlos rumbo a la "defunción de la tierra" y el fin de sus sueños ("espadas" y las "rosas perforadas"). Apenas se ve mitigada esta condición por el sexo, el alcohol y el perfume de la noche personificada, que está de rodillas. Una vez proporcionada esa visión sombría y pesimista de la vida, Neruda insta al lector a acompañarlo y hundirse en la miserable existencia que viven sus colegas y él: una vida sofocada por la muerte. La última estrofa en particular sintetiza desde un punto de vista sensorial lo degradante que es el trabajo y la vida, y comunica lo que tal vez sean las últimas bocanadas del anarquismo nerudiano: "Rodad conmigo a las oficinas, al incierto / olor a ministerios, y tumbas, y estampillas. / Venid conmigo al día blanco que se muere / dando gritos de novia asesinada" (Neruda 2003, 224). Cualquier indicación de esperanza que pudiera haber se ve saturada por la muerte: el día que se muere y la novia asesinada. En el caso de este poema, entonces, los sueños y las esperanzas de una futura sociedad igualitaria, presentes en los artículos examinados arriba, se han esfumado. Y la única igualdad que podemos percibir en el ambiente se liga a la enajenación: todo el mundo se encuentra alienado. En ese sentido no sorprende que el pensamiento ácrata de Neruda no pueda sostenerse en este momento dado, dejando así una abertura para otro tipo de estética y política que se vinculará con la República Española[41].

Cabe destacar que poemas como "Walking around" y "Despedientes" ceden el terreno a la trilogía "Entrada a la materia", "Apogeo del apio", y "Estatuto del vino", escritos en Madrid entre 1934 y 1935. Hernán Loyola, Jaime Concha y Alain Sicard han tomado debidamente nota que este agrupamiento de tres poemas marca un parteaguas en que el que se sugiere una solución política (y estética) a la crisis existencial y poética con que abre *Residencia en la tierra*[42]. Si bien el sujeto poético al comienzo del poemario se siente desolado en el mundo material e incapaz de encontrarle un significado a la vida, y más aún, incapaz de hallar su voz poética, en estos poemas celebra abiertamente la naturaleza y encuentra su razón de ser en ese accionar. Así las cosas, estos tres poemas suministran un vínculo a la poesía comprometida que escribió durante la guerra civil española, en particular, *España en el corazón*, luego incluido en la *Tercera residencia* (1947).

Visto desde esta óptica sobre la evolución del pensamiento político y artístico de Neruda, se puede considerar "Entrada a la madera" de una manera distinta. Como lo han apuntado Concha, Loyola y Sicard es un poema puente que enlaza la búsqueda vanguardista con un entramado realista y, como tal, traba un vínculo con la poesía comprometida escrita justo antes y durante la guerra civil. Si el hablante parecía estar desorientado y enajenado de la naturaleza en los años 20s y 30s, en la trilogía halla su lugar en la naturaleza y cree en su capacidad de captar por medio de la mediación del lenguaje figurado las relaciones entre los organismos en el mundo natural. "Entrada a la madera" traza el proceso de redescubrimiento de lo natural. Solo al sumergirse en la lógica y el ciclo de vida en la naturaleza y al aceptarla pueden los seres humanos convivir con ella. Así, en las dos primeras estrofas ofrece la primera etapa de esta evolución:

> Con mi razón apenas, con mis dedos,
> con lentas aguas lentas inundadas,
> caigo al imperio de los nomeolvides,
> a una tenaz atmósfera de luto,
> a una olvidada sala decaída,
> a un racimo de tréboles amargos.
>
> Caigo en la sombra, en medio
> de destruidas cosas,
> y miro arañas, y apaciento bosques
> de secretas maderas inconclusas,
> y ando entre húmedas fibras arrancadas
> al vivo ser de substancia y silencio. (Neruda 2003, 257)

En la primera estrofa el sujeto poético se hunde en la naturaleza, en esa "tenaz atmósfera de luto" —resaltado por el empleo de la anáfora— en busca de la vida que ha transcurrido y ha creado un estado de luto, la "decaída" y "tréboles amargos". Y sigue hundiéndose en la "sombra" y "destruidas cosas," absorbiendo sensorialmente a cada paso y buscando las cosas vivas: "las secretas maderas inconclusas" y el "vivo ser de substancia y silencio". Para la tercera estrofa ya ha hallado la "dulce materia" que combina lo vivo con lo extinto en su propia substancia:

> Dulce materia, oh rosa de alas secas,
> en mi hundimiento tus pétalos subo
> con mis pies pesados de roja fatiga,
> y en tu catedral dura me arrodillo
> golpéandome los labios con un ángel. (Neruda 2003, 258)

Parecida a la rosa con que se topa y después sigue (sube), esta dulce materia se entrelaza con él a medida que sus "pies pesados" sufren de "roja fatiga" y a medida que adora las maravillas que brinda la naturaleza. En efecto, hay un revés desde el comienzo de *Residencia en la tierra*. En poemas tales como "Unidad" y "Galope muerto" la naturaleza era una fuerza amenazante que operaba de manera autónoma del hablante y que amenazaba su propia existencia, dando a entender que la existencia del sujeto poético carecía de significado. En cambio, en este caso la naturaleza restaura el significado perdido, dándole sustancia y dirección a su vida. No le ha conferido aun un significado político o colectivo —cosa que se dará justo antes y durante la guerra civil— pero sí se ha afirmado como 'residente en el mundo'. Como ilustran las dos próximas estrofas, el hablante cobra fuerza de la naturaleza, que sirve como una especie de musa en su obra poética:

> Es que soy yo ante tu color de mundo,
> ante tus pálidas espadas muertas,
> ante tus corazones reunidos,
> ante tu silenciosa multitud.
>
> Soy yo ante tu ola de olores muriendo,
> envueltos en otoño y resistencia:
> soy yo emprendiendo un viaje funerario
> entre tus cicatrices amarillas:
> soy yo con mis lamentos sin origen,
> sin alimentos, desvelado, solo,
> entrando oscurecidos corredores,
> llegando a tu materia misteriosa. (Neruda 2003, 258-259)

A medida que se va hundiendo en el ciclo de vida y muerte que es la naturaleza encuentra la resistencia a la muerte en la vida, en el mundo natural. Su propia vida recobra su razón de ser en esa "materia misteriosa", pero emprende este camino solo. Pidiendo prestado de los términos de Erich Fromm, amar la naturaleza le permite amarse a sí mismo. Y una vez que se ame a sí mismo —y se vea menos agobiado por la enajenación— podrá ser capaz de amar a la humanidad[43]. El proceso es sensorial: ve, oye y siente las maravillas de la naturaleza, la movilidad (la vida) frente a la inmovilidad (la muerte):

> Veo moverse tus corrientes secas,
> veo crecer manos interrumpidas,
> oigo tus vegetales oceánicos
> crujir de noche y furia sacudidos,
> y siento morir hojas hacia adentro,
> incorporando materiales verdes
> a tu inmovilidad desamparada. (Neruda 2003, 260)

Y esto lo conduce a Neruda a personificar el mundo natural, considerarla señal de las multitudes de Whitman, la encarnación y epicentro de la vida y la muerte:

> Poros, vetas, círculos de dulzura,
> peso, temperatura silenciosa,
> flechas apegadas a tu alma caída,
> seres dormidos en tu boca espesa,
> polvo de dulce pulpa consumida,
> ceniza llena de apagadas almas,
> venida a mí, a mi sueño sin medida,
> caed en mi alcoba en que la noche cae
> y cae sin cesar como agua rota,
> y vuestra vida, a vuestra muerte asidme,
> a vuestros materiales sometidos,
> a vuestras muertas palomas neutrales,
> y hagamos fuego, y silencio, y sonido,
> y ardamos, y callemos, y campanas. (Neruda 2003, 260-261)

Parecido a la sección XII de "Alturas de Macchu Picchu" —publicado nueve años más tarde— en esta estrofa final al hablante se le retrata como quien se acerca a los "[p]oros, vetas, círculos de dulzura," aquella "dulce materia" que lo animó al comienzo del poema, y al hacerlo el mundo natural y todo ser viviente se personifica[44]. Estos elementos orgánicos se apegan al "alma caída", a los "seres dormidos," y a la "boca espesa" de la naturaleza con "apagadas almas". En resumidas cuentas, la muerte coexiste con la vida, y la muerte viene a ser generadora. Los "seres dormidos" no han fallecido; se les puede despertar. Vale decir, como están muertos, pueden recrear la vida porque descansan y pueden recobrarla en ese acto. A continuación, el hablante exhorta a esta naturaleza personificada que lo deje unirse a ella y que deje que ella sea la fuente de su inspiración y creatividad. Si en "Alturas de Macchu Picchu" existe ese mismo *crescendo* —valiéndose del polisíndeton— y se emplea un estilo similar que funde al sujeto poético a los obreros incaicos, arquitectos de esa ciudad abandonada en los Andes, permitiendo que el hablante llegue a ser un vehículo por medio del cual el pueblo incaico pueda contar su propia historia, en este caso se nutrirá de la fuerza y el ímpetu de la naturaleza, y ello le brindará la posibilidad de sobreponerse a esa alienación del mundo natural tan presente en la primera parte de *Residencia en la tierra*. Digno de mención también es el hecho de que, como el lector habrá notado, a diferencia de la visión colectiva que se plasma en los artículos periodísticos, cuando se veía motivado por la política ácrata, esta visión de la relación entre la naturaleza y la sociedad se percibe desde la perspectiva de un ser aislado y alienado que añora sobreponerse a sus circunstancias. Así, si el lenguaje que emplea Neruda sigue siendo influenciado por el vanguardismo, la cosmovisión ha cambiado dramáticamente. Y sin embargo esta etapa le servirá de puente para llegar a la poesía comprometida durante la guerra civil española y ampliar su noción de la democracia, a saber, una democracia radical o un socialismo democrático y representativo.

Notas

1. Le agradezco a Pedro Salas Camus las observaciones sobre este ensayo.

2. Manuel Toledo, "Teitelboim: 'El sueño continúa'", *BBC Mundo.com*, 3 de junio de 2004, acceso el 29 de octubre de 2019, http://news.bbc.co.uk/hi/spanish/misc/newsid_3774000/3774039.stm.

3. Actualmente estoy trabajando en un proyecto de libro sobre Neruda y la democracia que aborda estas épocas también.

4. Con respecto a la democracia, manejo las siguientes fuentes: John Dunn, *Democracy: A History* (New York: Atlantic Monthly Press, 2005), Norberto Bobbio, *Liberalism and Democracy* (London/New York: Verso, 2005) y *Which Socialism? Marxism, Socialism and Democracy* (Minneapolis: University of Minnesota Press, 1987), *Democracy Against Capitalism: Renewing Historical Materialism* (Cambridge:

Cambridge University Press, 1995) and James Miller, *Can Democracy Work? A Short History of a Radical Idea from Ancient Athens to our World* (New York: Farrar, Straus and Giroux, 2018).

5. Ese fue, por ejemplo, el caso de los ácratas chilenos entre 1898 to 1930. Ver Sergio Grez Toso 2012, 42.

6. Véase Bobbio, *Liberalism and Democracy*, 32-37; Dunn, 168-176; Meiksins Wood, 204-237.

7. Grez Toso, 167, 171.

8. Julio Faúndez, *Marxism and Democracy in Chile: From 1932 to the Fall of Allende*, 25. Todas las traducciones al inglés en este artículo son mías.

9. Faúndez, 73-74, 95-96.

10. Gabriel Salazar & Julio Pinto, 20.

11. Guibert, <https://www.literatura.us/neruda/guibert.html>.

12. Ángel J. Cappalletti, LXXX.

13. Ramírez Necochea, Hernán: 83-85.

14. Pablo Neruda, *Obras completas IV: Nerudiana dispersa I 1915-1964*. Edición de Hernán Loyola (Barcelona: Galaxia Gutenberg, 2001), 250. Todas las crónicas vienen de esta edición.

15. Sobre el punto de vista de los anarquistas sobre la moralidad, véase Grez, 194.

16. Hernán Loyola, *El joven Neruda 1904-1935*, 75.

17. "Miserables!" abarca muchos de los mismos temas. Ver Neruda, *Obras completas IV*, 317.

18. Bobbio, *Liberalism and Democracy*, 33. En resumidas cuentas, Bobbio se está refieriendo al liberalismo clásico.

19. Dunn, 69.

20. Sobre Edwards Bello, véase Marcelo Alvarado Menéndez, 26-82.

21. Salazar and Pinto señalan que Alessandri llegó a ser un orador muy popular, un reformista y asimismo un caudillo (43-44).

22. Consúltese, Raymond B. Craib, 22-60.

23. Patricio Tapia, "Carlos Vicuña Fuentes: Ideas firmes, pasiones fuertes", *Revista dossier*, 26 (https://www.revistadossier.cl/carlos-vicuna-fuentes-ideas-firmes-pasiones-fuertes/).

24. Grez 194.

25. Vale la pena acordarse que si la posición de Neruda respecto de las relaciones de género parecen ser sexistas —es decir, que la única contribución de esta mujer al cambio social es reproducir— en "Agencias" se le insta a las obreras —igual que a los obreros— a combatir "el horror de su vida," y rebelarse porque su dinero también está destinado a la élite (255).

26. Eric Foner, 177, 184.

27. Las referencias bíblicas son de las Bienadventuranzas—Lucas 6:20—cuando Jesús dice "Bienaventurado vosotros los pobres, porque vuestro es el reino de Dios." Versión Reina-Valera 1960 © Sociedades Bíblicas en América Latina, 1960. Renovado © Sociedades Bíblicas Unidas, 1988.

28. *Pablo Neruda: antología general*, 8.

29. Ver Karl Marx, *Capital*, 128.

30. Consultar la introducción a su edición de *Residencia en la tierra* (Madrid: Cátedra, [1987] 2007), 17-19.

31. Ver Reszler, *La estética anarquista*. Como lo han sostenido varios estudios, el anarquismo estaba ligado estrechamente con la evolución de la vanguardia. Una vez que dieron las derrotas de los movimientos obreros encabezados por los libertarios a los pocos años de la revolución rusa, la influencia *política* del anarquismo empezó a decaer, pero su impacto *cultural* siguió vigente. Para un resumen de este tema, véase mi libro *Poetas ante la modernidad: las ideas estéticas y políticas de Vallejo, Huidobro, Neruda y Paz*, 11-38.

32. *Pablo Neruda: antología general* (Lima: Real Academia Española, 2010), 8-9.

33. "Romanticism and the Avant-Garde" en *The Theory of the Avant-Garde* de Renato Poggioli, 42-59. Me refiero aquí al neoromanticismo para distinguirlo del romanticismo clásico, así como podríamos contrastar la neovanguardia con la vanguardia histórica para subrayar la cronología histórica y cultural.

34. Reszler 37-46; 56-60; 64.

35. Pablo Neruda, *Obras completas*, V 217.

36. Jaime Concha, 232.

37. Analizo *Residencia en la tierra* desde una perspectiva algo diferente en "Realism and the Battle with Language in the Residencias" en *Verses Against the Darkness: Pablo Neruda's Poetry and Politics*, 104-147 y en "Entre el realismo y el vanguardismo en las *Residencias*", *Revista de crítica literaria latinoamericana*, Año XXXVII, N° 74 (2do semestre de 2011): 287-304.

38. Ver Hernán Loyola, "Modernidad/Posmodernidad como propuesta de periodización histórico-cultural", 69-85.

39. George Lakoff and Mark Johnson, 50.

40. Hernán Loyola en la introducción a *Residencia en la tierra* (Madrid: Cátedra, 1987) 21. Me atengo a las fechas de composición y publicación que proporciona Loyola en este estudio indispensable.

41. Con referencia al impacto del pensamiento libertario en Neruda, vale la pena mencionar el poema "Alberto Rojas Giménez viene volando", dedicado a su amigo quien también se comprometió con la política ácrata (Neruda, *Residencia en la tierra*, 282-286).

42. Ver Jaime Concha, "Interpretación de *Residencia en la tierra*" en *Tres ensayos*

sobre Pablo Neruda, 57, 64; Hernán Loyola, *Ser y morir en Pablo Neruda 1918-1945*, 122; Alain Sicard, *El pensamiento poético de Pablo Neruda*, 99-136. Véase en particular las páginas 127-136.

43. Me refiero a Erich Fromm, *The Art of Loving*.

44. "Alturas de Macchu Picchu", *Canto general*, segunda edición (Barcelona: Seix Barral, 1982).

Bibliografía

Alvarado Menéndez, Alvarado. 2018. "Entre el malestar republicano y el nacionalismo continental: las ideas sociopolíticas de Joaquín Edwards Bello (1918-1925)". *Mapocho*, n° 84 (segundo semestre): 26-82.

Bienadventuranzas—Lucas 6:20—cuando Jesús dice "Bienaventurado vosotros los pobres, porque vuestro es el reino de Dios." Versión Reina-Valera 1960 © Sociedades Bíblicas en América Latina, 1960. Renovado © Sociedades Bíblicas Unidas, 1988.

Bobbio, Noberto. 2005. *Liberalism and Democracy*. London/New York: Verso.

———. 1987. *Which Socialism? Marxism, Socialism and Democracy*. Minneapolis: University of Minnesota Press.

Cappalletti, Ángel J. 1990. "El anarquismo latinoamericano", en Cappalletti y Carlos Rama (selección y notas), *El anarquismo en América Latina*. Caracas: Biblioteca Ayacucho.

Concha, Jaime. 1974. *Tres ensayos sobre Pablo Neruda*. Palma de Mallorca: Mossen Acovar.

———. 1972. *Pablo Neruda 1904-1936*. Santiago: Editorial Universitaria.

Craib, Raymond B. 2010. "Students, Anarchists and Categories of Persecution in Chile, 1920", *A Contracorriente*, vol. 8, no. 1, 22-60.

Dawes, Greg. 2011. "Entre el realismo y el vanguardismo en las *Residencias*". *Revista de crítica literaria latinoamericana*, Año XXXVII, N° 74 (2do semestre): 287-304.

———. 2009. *Poetas ante la modernidad. Las ideas estéticas y políticas de Vallejo, Huidobro, Neruda y Paz*. Madrid: Editorial Fundamentos.

———. 2006. *Verses Against the Darkness: Pablo Neruda's Poetry and Politics*. Lewisburg: Bucknell University Press.

Dunn, John. 2005. *Democracy: A History*. New York: Atlantic Monthly Press.

Faúndez, Julio. 1988. *Marxism and Democracy in Chile: From 1932 to the Fall of Allende*. New Haven/London: Yale University Press.

Foner, Eric. 1998. *The Story of American Freedom*. New York: WW Norton.

Fromm, Erich. 2006 [1956]. *The Art of Loving*. 50 edición. New York/London/Toronto/Sydney: Harperperennial.

Grez Toso, Sergio. 2012. *Los anarquistas y el movimiento obrero: La alborada de 'la Idea' en Chile 1893-1915*. Santiago: LOM.

Guibert, Rita. 1974. *Siete voces. Los más grandes escritores latinoamericanos se confiesan con Rita Guibert*. México: Editorial Novaro. <https://www.literatura.us/neruda/guibert.html>

Lakoff George and Mark Johnson. 1989. *More Than Cool Reason: A Field Guide to Poetic Metaphor*. Chicago: University of Chicago Press.

Loyola, Hernán. 2014. *El joven Neruda 1904-1935*. Santiago: Lumen.

———. 2007. "Modernidad/Posmodernidad como propuesta de periodización histórico-cultural". *A contracorriente*, Vol. 4, No. 3 (Primavera/Spring): 69-85.

———. 1967. *Ser y morir en Pablo Neruda 1918-1945*. Santiago de Chile: Santiago Editora, 1967.

Marx, Karl. 1977. *Capital*. Volume I. New York: Vintage.

Meiksins Wood, Ellen. 1995. *Democracy Against Capitalism: Renewing Historical Materialism*. Cambridge: Cambridge University Press.

Miller, James. 2018. *Can Democracy Work? A Short History of a Radical Idea from Ancient Athens to our World*. New York: Farrar, Straus and Giroux.

Neruda, Pablo. 1982 [1950]. *Canto general*. Segunda edición. Barcelona: Seix Barral.

———. 2001. *Obras completas IV: Nerudiana dispersa I 1915-1964*. Edición de Hernán Loyola. Barcelona: Galaxia Gutenberg.

———. 2010. *Pablo Neruda: antología general*. Lima: Real Academia Española.

———. 2003 [1987]. *Residencia en la tierra*. Séptima edición a cargo de Hernán Loyola. Madrid: Cátedra.

Poggioli, Renato. 1968. *The Theory of the Avant-Garde*. Cambridge, M.A.: Harvard University Press.

Ramírez Necochea, Hernán. 1965. *Origen y Formación del Partido Comunista de Chile: Ensayo de Historia del Partido*. Santiago: Editorial Austral.

Reszler, André. 1974. *La estética anarquista*. México: Fondo de Cultura Económica.

Salazar, Gabriel / Julio Pinto. 1999. *Historia contemporánea de Chile I: estado, legitimidad, ciudadanía*. Santiago: LOM.

Sicard, Alain. 1981. *El pensamiento poético de Pablo Neruda*. Madrid: Gredos.

Tapia, Patricio. "Carlos Vicuña Fuentes: Ideas firmes, pasiones fuertes". *Revista dossier*, 26 (https://www.revistadossier.cl/carlos-vicuna-fuentes-ideas-firmes-pasiones-fuertes/).

www.ingramcontent.com/pod-product-compliance
Lightning Source LLC
Chambersburg PA
CBHW021845220426
43663CB00005B/406